Triest

CALVOLA
SEMINARIO
BESENGHI
CARPACCIO
VIA DON STURZO
REVERE
VIA COLAUTTI
V. G. R. CARLI
Via G. Schiaparelli
V. MADONIZZA
V. BELLOSGUARDO
V. G. MUZIO
V. DE AMICIS
VIA COMBI
BELLOSGUARDO
ONGARO
V. MAESTRI DEL LAVORO
PASS. DI SANT'ANDREA
VIA CATRARO
MINZONI
S. VITO
VIA DELL' OFFICINA
Via Lecchi
SAVORGNAN DI BRAZZA
BOTTEGO
V. TEDESCHI
VIA FRANCA
VIA TIGOR
VIA SANTA GIUSTINA
LAGHI
VIA TAGLIAPIETRA
PIAZZA CARLO ALBERTO
V. GIUSTINELLI
VIALE
III ARMATA
V. MONTFORT
VIA BELPOGGIO
SALITA AL PROMONTORIO
VILLA NECKER
androna S. Tecla
androna S. Eufemia
CAPUANO
FABBRI
VIA DELL' UNIVERSITÀ
VIA HERMET
PICCOLA
VIA COLONNA
MARCELLO
STAMPA
PIAZZA CORNELIA ROMANA
VIA CROCIFISSO
V. SS. MARTIRI
V. DUCA D'AOSTA
MUSEO SARTORIO
VIA CORTI
VECCHIO
VIA ECONOMO
V. G. RENI
VIA G. MURAT
V. TORINO
PIAZZA S. LUCIA
Piazza HORTIS
LAZZARETTO
VIA CAMPO MARZIO
DI CAVANA
DELL' ANNUNZIATA
VIA SAN GIORGIO
CADORNA
Piazza VENEZIA
RIVA GULLI
RIVA GRUMULA
PONTILE ISTRIA
STRADA NUOVA SOPRAELEVATA PER GONE DI STATO MUGGIA E OPICINA SLOVENIA CROAZIA
ARMANDO
DIAZ
LUIGI
RIVA N. SAURO
PISCINA COPERTA
MOLO SARTORIO
VIA E RIVA O. AUGUSTO
MERCATO ORTOFRUTTICOLO CENTRALE
VIA G. CESARE
STAZIONE DI CAMPO MARZIO
RIVA TRAIANA
PESCHERIA
VIA BOCCARDI
V. MERCATO VECCHIO
MANDRACCHIO
CENTRO CONGRESSI
Stazione Marittima
MOLO PESCHERIA
BACINO SAN MARCO
MOLO VENEZIA
MOLO DEI BERSAGLIERI
SAN GIUSTO
MOLO FRATELLI BANDIERA
LANTERNA
BAGNI AUSONIA
PORTO
S
SO
O
NO
N
NE
E
SE

STEINER · NEUMÜLLER · **TRIEST**

Bertram Karl Steiner • Ferdinand Neumüller

Triest

Der Geschmack einer Stadt

Mit Rezepten von Ami Scabar

Verlag Carinthia

Inhalt

Halluzination auf dem Molo Audace

Zwischen Gaumen und Zunge erfahren, daß es Triest gibt.
Daß Triest so und nicht anders schmeckt.
Mache die Augen auf: Der Molo Audace, der nackte Karst, der Schnee.
Die Bora pfeift und der Himmel ist eine einzige Migräne.

Gezutzelt, gelutscht, geschleckt
Salzig wie das Meer, die
Taufe, die Träne, Kirkes
Lotrechtes Lächeln.

Bertram Karl Steiner

Ich rufe des Ozeans Braut,
Die lichtäugige Thetis
Herrscherin im blauen Gewande.

(Orphische Hymne an Thetis)

Man ist, was man ißt.

(Brillat-Savarin)

Friß oder stirb!

(Sprichwort)

An ein Skelett ist da zu denken. An ein Lamm-Kotelett, an ein sehr abgenagtes. Das ergibt sich aus dem Augenschein, jetzt, da sich das Schiff des Odysseus der Küste nähert. Des Kontinentes Gebeine sind offengelegt. Da vorne. Abgetan die Sieben Schleier: Illyrien, Griechenland, Rom, Byzanz, Österreich, Jugoslawien, Italien.

Odysseus, der göttliche, der listenreiche, der leidgeprüfte, zog seinen Militärmantel enger, weil ihm schon vor viertausend Jahren so kalt war. Saukalt ist es im höchsten Norden, in dieser äußersten Bucht, wo die Adria vergessen hat, daß sie zum Erdkreis gehört. Nicht purpurn sind ihre Wogen, die über das Verdeck schwappenden, sondern grün wie der Schierlingssaft, an dem Sokrates verschieden ist. Hinunterziehend wie der Kassandra Fluch. Grün, grundlos, reißend der Fluß Timavo, der steuerbord, aus dem Hades quellend, in den Golf mündet.

Anstrengend, wider den Fallwind Atem zu holen, aufzukreuzen wider die Bora. Garstig, wie sie zubeißt, die Einfahrt verwehrt. An zerbrochene, gebleichte Schädelkalotten ist da zu denken, angesichts der weißen Klippen, des weißen Kalkbruches hinter der kalten Stadt.

Oben im Karst fetzt der Schnee, der feindselige, waagrecht im Sturm. An der Kante stürzt sich das Gestöber kopfüber ins Meer, über die klappernden Dachziegel, durch die Föhren. Deren Nadeln zischen im Luftstrom. Weiß wie der Schnee die marmorne Skulptur des Ikarus, der zum Himmel steigt, um aus dem Himmel zu fallen, aufgestellt im marmornen Sarkophag Miramare.

Der Frost verbrennt die Ohren des Odysseus, die Bürger der Stadt Triest hüllen sich in dicke Mäntel, es rast die Kälte damals wie heute. An geborstene Schädelkalotten muß Odysseus gedacht haben, an spritzendes Gehirn, an die Sekunden, da Polyphem die

Genossen an den Fußgelenken packte und an der Wand seiner Höhle zerschmetterte. Knack, knirsch, schmatz, Walt Disney ist noch nicht geboren, der die lustigen Worte zum panischen Entsetzen gefunden hätte. Ein Riesenrad, mit Disney-Figuren bemalt, dreht sich im November noch ein paar Tage lang am Quai. Crunch, crunch. Hat ihm geschmeckt, dem Polyphem.

Odysseus hat jetzt, an des Hades Pforten, selbst Heißhunger nach Fett und nach Fleisch und nach Rausch. Man ist, was man ißt, man ißt, was man ist. Kamerad, Lamm, Schwein, Kaninchen, Kalamar, Miesmuschel, Steinbohrer, Languste. Es ekelt ihn überhaupt nicht vor getöteten Wesen, wiewohl er das Malmen der Kiefer des Polyphem, sein Schmatzen noch im Ohre hat.

So landen müssen: die an den Bersaglieri-Helm gesteckten Hahnenfedern, die langen, schwarzgrün schillernden Hahnenfedern, knattern im Eiswind, aus den Augen träufeln Tränen, die Glieder versteifen sich, eiskalt gischtet das Meer über die Stufen, die grün sind vor Algenbewuchs und hinaufführen zur Piazza dell'Unità.

Am 3. November 1918 betrat der erste italienische Soldat die Gestade der Stadt Triest. Seit 1386 war dieselbe unter der Regierung des Hauses Österreich gewesen. Blut-Silber-Blut seit der Schlacht von Akko, wie man einst in den Schulbüchern lesen konnte. Hermann Nitsch seit 800 Jahren (Der weiße Waffenrock des Herzog Leopold sei durch einen Gürtel zusammengehalten gewesen, während der blutigen Kreuzfahrer-Schlacht von Akko: Oben Blut, unten Blut, Arterienblut, Venenblut, dazwischen ein Streifen vom Erstkommunionkleid, lilienweiß, kalamariweiß).

Der Vorbesitzer der Stadt Triest? Davor, davor, bis zurück zu den Helden, welche die Besatzung der Argo stellten (Jason, Orpheus, Herakles & Compagnie)?

Das Kanonenboot Audace lag letztendlich vor dem Molo. Rot-Weiß-Grün am Heck. Die Farben der Beatrice in Dantes »neuem Leben«. Ein Wahl-Triestiner, der auf Duino saß, auch er, der Vater der Italianità.

In einer Schaluppe ward der unbekannte Held an Land gerudert: Zehn Stufen, die unteren fünf algenüberwuchert. Einen ausgebleichten Zebrastreifen würde der Soldat heute vor sich haben. Wo Jason gelandet ist und Orpheus und Odysseus und der windige, aber diplomatische Antenor (der die geraubte Helena nie hatte leiden mögen, sie dem Menelaos zurückerstatten wollte und dafür von den siegreichen Griechen geschont wurde). Und Achilles, der öde Terminator. Einen Zebrastreifen, damit die Heroen nicht von der nächsten Vespa zusammengeführt werden (Der Streifen ist gerade noch sichtbar, der Regen hat die Farbe abgewaschen.) Hier kommen sie alle an, über kurz oder lang. Du und ich, und ich und du; wir sind vom gleichen Blute.

Die Waffen, die Uniformen für die Balz mit dem Heldentod wandeln sich je nach der Mode. Griechisch, römisch, byzantinisch, österreichisch, italienisch.

Es bleibt die martialische Dummheit; in Erz gegossen, mehr noch, aere perennius. »Dummheit ist das Schicksal unserer Epoche«, wird Claudio Magris, Triestiner des 21. und des 20. Jahrhunderts anläßlich der Schlächtereien im benachbarten Jugoslawien bekümmert, aber nicht resümierend feststellen müssen. »Dummheit ist eine Sünde«, sagte die Triestiner Jüdin Dottoressa G. zu allen passenden und unpassenden Gelegenheiten. Es gibt keine unpassende.

Zu Bronzeskulpturen erstarrt, Odysseus und seine Genossen, sie alle, die sich zu Helden machten, am äußersten Ende der zivilisierten Welt. Die bronzene Fahne bauscht sich, eine bronzene Welle umschwappt die bronzenen Wickelgamaschen. Eine bronzene Frau sitzt im kalten Regen, umsprüht von der kalten Brandung, stickt mit nicht vorhandenem Garn von einem bronzenen Knäuel.

Die Farce jeglichen Siegerruhmes erweist sich an der Unterwelt Pforten. Diese befinden sich in der Nachbarschaft: Zehn Kilometer im Norden bei San Giovanni, drei Kilometer hügelan im Osten, wo die Grotta Gigante gähnt, und dahinter im nackten Karst, in den Grotten von Postojna und Škocjan Alle Höllenschlünde, aber auch die fetten Asphodeloswiesen, wo der Sterbliche ausruhen kann, endlich ausruhen, von den in der Verblendung verübten Untaten, durchreißt der Timavo, der schwarzgrüne. Der sogenannte Held

Achilles, in der Gewalt gezeugt, als Peleus die erstkommunionweiße, die tintenfischgestaltige Thetis notzüchtigte, der Prahler und Schinder vor Trojas Mauern, posthum noch bis zum Delirium vergöttert von der Amazone Elisabeth von Österreich, wandelt dort als Schatten und wäre lieber ein Sauhirt als ein Heros an des Timavo Strand, im Hades.

An des Hades Grenze ergießt sich der Isonzo in die Winterbucht. Hekatomben von Helden haben ihren allerletzten Durst in seinen eiskalten, grünen Wassern gestillt: Österreicher, Ungarn, Italiener, Franzosen, Amerikaner.

Hat Kirke, die lüsterne Hexe, Medeas Tante, sie wohnt in Lussin vor Istriens Küste, den göttlichen Odysseus nicht nur den Weg in die Unterwelt gewiesen, hat sie ihn in ihrer göttlichen Bosheit nicht auch in die entgötterte Zukunft entrückt? Der pudelnasse, frierende Held, würde über die nämlichen Stufen geschritten sein. Er würde die Bronzeskulpturen an seiner Seite angestaunt haben. Er wäre auf dem nämlichen Zebrastreifen vor der leeren Piazza dell'Unità gestanden, die städtischen Busse rauschen übers nasse Pflaster, durch die Wasserlachen, der Sturm dreht die Regenschirme der Passanten um, gerade jetzt einen knallroten: Voraus das unsägliche Rathaus, das pompöse Regierungsgebäude (früher Sitz des Lloyd Adriatico), das Caffè degli Specchi zur Linken, das Hotel Duchi d'Aosta zur Rechten.

Odysseus, der göttliche, der listenreiche, der leidgeprüfte, zog seinen Militärmantel enger, weil ihm schon vor viertausend Jahren so kalt war.

Saukalt ist es im höchsten Norden, in dieser äußersten Bucht, wo die Adria vergessen hat, daß sie zum Erdkreis gehört . . . Oben im Karst fetzt der Schnee, der feindselige, waagrecht im Sturm. An der Kante stürzt sich das Gestöber kopfüber ins Meer, über die klappernden Dachziegel, durch die Föhren.

Der Frost verbrennt die Ohren des Odysseus, die Bürger der Stadt Triest hüllen sich in dicke Mäntel, es rast die Kälte damals wie heute.

Knack, knirsch, schmatz, Walt Disney ist noch nicht geboren, der die lustigen Worte zum panischen Entsetzen gefunden hätte.

Wo befindet sich die Stadt Triest? Nicht in Italien, in Mitteleuropa auch nicht, dem nostalgischen Niemandsnirgendsland. Man beschwört es, es erscheint, wenn du die Formel kennst. Willst du es angreifen, hast du Moder zwischen den Fingerkuppen.

infopoint
VENEZIA A4
UDINE A4

Mercato del Prosciutto

Das die Pforten zu Hades Reich, fragt sich Odysseus. Hier den Seher Tireisias finden? Hier den Weg in die Heimat erfragen? In dieser zugigen, verregneten Zukunft? Ist das Totenreich nicht gerade in diesem Bezirk bis zur Anonymität überfüllt, nach Generationen des ungehemmten Zuzuges? Ist Charons Boot nicht immer bis zum Kentern voll gewesen? »Das Boot ist voll!«, werden die Toren noch viertausend Jahre später schreien, und damit irgendwelche Wahlen gewinnen.

Wo den Seher suchen, nachdem der Isonzo allein Hunderttausende von Leichen hereingeschwemmt hat, nach der Million Helden, die im Tale des Isonzo verreckten, von Flitsch bis Doberdó. Bauchstich, Gelbkreuzgas, Schrapnell, Dumdum, »es hat ihn weggerissen, er liegt vor meinen Füßen«, der »gute Kamaherahad«, »Tschiff, treff, tauch, der Wallisch liegt am Bauch«, »Abasso l'Austria è la Germania, con la Turchia in compagnia«, »Va pensiero Sull'ali dorate«, »Gott erhalte, Gott beschütze«, Bein zu Bein, Asche zu Asche. Wie hat Kirke, die Zauberin (ein imaginärer Geschmack nach Austern legt sich sogleich über Odysseus Zunge, wenn er ihres appetitlichen Leibes gedenkt), den Heimatlosen gefoppt.

In Triest nach der Heimat fragen. Ausgerechnet in Triest.

»Einschifft ich mich und hoch als goldne Wimpel
Flog mir das Vließ am sturmumtobten Mast,
Und wie die Wogen schäumten, Donner brüllten,

Und Meer und Wind und Hölle sich verschworen,
Mich zu versenken in das nasse Grab,
Versehrt ward mir kein Haar, und unverletzt
Kam ich hierher an diese Rettungsküste«,

erzählt Phryxus in Grillparzers »Gastfreund«. Noch hält er diese Gestade für »gastfreundlich«. Wundern wird er sich. Denn bald wird er von Aietes abgestochen werden. Und Phryxus wird röcheln.

»Und dieses Vließ, das jetzt in seiner Hand,
Soll niederschaun auf seiner Kinder Tod!«

Wo befindet sich die Stadt Triest? Nicht in Italien, in Mitteleuropa auch nicht, dem nostalgischen Niemandsnirgendsland. Man beschwört es, es erscheint, wenn du die Formel kennst. Willst du es angreifen, hast du Moder zwischen den Fingerkuppen. Und nichts; das noble Nichts. In der Vergangenheit nicht mehr gibt es die Stadt Triest, erst recht nicht in der Zukunft.

Nachtseitig ist ihre Verführungskunst

»Medea, in dunkelroter Kleidung, am Saume mit goldenen Zeichen bestickt, einen schwarzen, nachschleppenden Schleier, der an einem gleichfalls mit Zeichen gestickten Stirnbande befestigt ist, auf dem Kopfe, tritt, eine Fackel in der Hand, aus dem Turme«, schreibt Grillparzer, der Triest nie vergessen hat können, über die aggressive Verführungskraft der Stadt, die es nie gegeben hat.

Triest reizt mit dem roten Rost seiner kaputten Industrieanlagen, mit dem Fackelschein der Raffinerien vor Muggia. Eine erfahrene Primadonna zwischen allen nur denkbaren Altern. Ausg'schamte Göre wie das »Junge Mädchen«, dem der »gute alte Herr« in Italo Svevos »Novella del buon vecchio e della bella fanciulla« begegnet. Wie die uralte bucklige Dottoressa G. Kein Aufwand an Romantik, Sachlichkeit in eroticis und im Intellektuellen. Medea war Expertin. Wie Kirke, die Tante.

Triest reizt mit dem Geruch der Katzenmarkierungen. Überall wohnen die Katzen, in der kaputten Altstadt hausen sie in den Ruinen, auf den aufgelassenen Baustellen. Aus Pappkartons errichten ihnen ihre menschlichen Mitbürger dort Behausungen.

Erhaben sind die Katzen, die aufgeplustert, gegen den Sturm unempfindlich, auf den Fischernetzen und den zusammengerollten

Tauen im Schatten des Fischmarktes mit seinen zusammengerosteten Gittern schlummern; stets zu einem Prankenhieb bereit, wagt es einer, ihre Ruhe zu stören. »... es war eine katzenhafte Sicherheit, Kraft und Anmut vereinigten sich in ihren Bewegungen«, so rühmt Italo Svevo die laszive Angiolina in seinem Roman »Senilità«.

Verdächtig die Katzen, die sich am Molo von Miramare an der Sphinx, die der Erzherzog Ferdinand Maximilian, noch war er nicht Kaiser, und schon gar nicht von Mexiko, von seinen Weltreisen mitgebracht hat, reiben: Der ägyptischen Rachegöttin Sechmet Hofstaat. Ihr Miau begleitete den Hausherrn Maximilian, als er im Frack, seine Gemahlin Charlotte am Arm, in der Schaluppe stand, die ihn zur Fregatte Novara bringen sollte. Die Fahne Mexikos (Adler frißt Schlange) wehte vom Topp, die Matrosen präsentierten die Ruder, die Sphinx, halb Katz', halb Mensch, schaute leer und wissend zu.

Triest reizt mit dem Dampf seiner Fleischtöpfe. Bei Pepi, ein paar Schritte von der Börse, sieden die Schweinsschinken, die Schweinsohren, die Schweinswürste im Kessel. Der Freßlust der Alten Welt ist hier am Ende der Welt eine Kapelle errichtet, fette Wegzehrung auf dem Weg zu den Schatten. Und des pannonischen Sauerkrautes Fülle und das Bier vom Dreher für die Anbeter der Gerstengötter, und schwarzer Teran für die Frommen des Dionysos, des Pan und des Christos.

Keine hundert Meter nordöstlich singt der Priester in der serbischen Spiridions-Kathedrale, fast allein, drei Passanten sind hereingeweht, die Abendliturgie. Hundert Meter nordwestlich sein Kollege in der griechischen Nikolaus-Kirche: Weihrauch, Weihrauch, Weihrauch und die Mysterien der Verwandlung: Wein in Blut, Brot in Fleisch.

Odysseus, das Fett rinnt ihm aus den Mundwinkeln, der Wein befleckt seinen Mantel, gedenkt seiner Genossen. Wie waren sie elend unter dem Zauberspruch der Kirke: In rosa Ferkel verzaubert, in schwarze Eber, im Eichenlaub nach Eicheln rüsselnd. Er selbst hätte hier dünsten können, zum Schweine mutiert, hätte er sich nicht mittels Knoblauch gegen die Magie der Gastgeberin gefeit.

»Wer, wenn ich schrie, hörte mich aus der Engel Ordnungen«: Der nur um die (entscheidende) Spur dissonante Orgelton am Anfang der Ersten Duineser Elegie und das fette Karree, das heraufdampft. Lieblicher Wohlgeruch. Als Friedrich Torberg die (böhmische) Köchin der Fürstin Thurn und Taxis fragte, ob Rainer Maria Rilke wirklich, wie er seinen unzähligen Seelentrösterinnen berichtet hatte, unter dem Ansturm der Eingebung nichts gegessen habe, damals, als er über den Klippen zwischen Duino und Sistiana dahinschritt (alles in Sichtweite von Triest) und mit Engeln redete, meinte diese: »Was, gefastet soll er ham, der Herr Rilke? G'fressen hat er Schweinsbraten und Knedel, wie er hat geschrieben Duineser Elegien«. Schön ist, daß Engel böhmakeln. Triest und Rilke und fetter Schweinsbraten, Orpheus hatte Heißhunger nach fleischlichem Leben.

Die Schweinereien, des Fettes Fülle, der saure schwarze Wein, Karaffe um Karaffe, die Geister der Stadt Triest sind zugegen und starren Nacht für Nacht gierig in Kessel und Kelche. Es sind verwöhnte Geister.

Denn Blut im reichlichen Maß ist hier für die Beschwörung sämtlicher Triestiner und vor allem der zugezogenen Toten vergossen worden; so sind sie alle viel lebendiger als die Lebenden.

»Edle Einfalt und stille Größe« verkündet Johann Joachim Winckelmann, gleich um die Ecke ist er von einem Strichbuben abgestochen worden, einem Koch von Beruf. Jetzt ruht er in einem »Einfalt und Stille Größe«-Tempel im Lapidarium neben der Cattedrale San Giusto.

Guglielmo Oberdan, er wollte Cecco Pepe, den Kaiser Franz Joseph meucheln, trägt noch die Hanfschlinge um den ausgerenkten Hals, zwei Henkersknechte hatten sich an seine Beine gehängt und ihm das Genick gebrochen: »Viva Italia!« soll er gerufen haben, ehe er justifiziert wurde.

Die Bora pfeift gnadenlos. Die Geister im illuminierten Spukschloß von Miramare, (»Son et Lumière« veranstalten die Touristiker für die Voyeure des Weltunterganges), es liegt exakt im Norden, wo der Wind herbläst, die Geister dort können nicht schlafen. Die Windrose im düsteren Saal im Erdgeschoß zeigt die Richtung der Sturm-Böen an.

»Und mitten in dem tollen Wüten,
Als sollt' die Welt heut' untergeh'n
Als wollt' das Meer Dämonen brüten
Und alles aus den Fugen dreh'n,

Hebt sich in kalter strenger Bleiche,
So todesernst, so todesstarr,
Gleich einer schönen Marmorleiche
Das hehre Schloß von Miramar.

Das dichtete die Kaiserin Elisabeth Anfang November 1885.

Sie schwebt mit den Ihren (inklusive denen, die sie nicht leiden mochte, also den meisten ihrer Angehörigen) über den Platz der habsburgischen Leichenfeiern. Dieselben auszurichten, ließ sich die Triestiner Stadtverwaltung nicht nehmen, ehe die durchreisenden Toten nach dem Inneren Österreichs überführt wurden; brachten doch alle habsburgischen Toten das Goldene Vlies nach Kolchis zurück, woher es Jason entführt hatte.

»Da gehen sie hin, die Verblendeten!
Ein töricht Wesen dünkt mich der Mensch;

Treibt dahin auf den Wogen der Zeit,
Endlos geschleudert auf und nieder,
Und wie er ein Fleckchen Grün erspäht,
Gebildet vom Schlamm und stockenden Moor
Und der Verwesung grünlichem Moder,
Ruft er: Land! Und rudert drauf hin
Und besteigt's – und sinkt – und sinkt –
Und wird nicht mehr gesehn!«

Auf den k. k. Herrn Hofrat Grillparzer hätten sie hören sollen, der das seiner Medea in den Mund legt. Sie wären besser gefahren, die Argonauten aus dem Hause Österreich. Dem Kaiser Maximilian von Mexiko, das Goldene Vlies lag auf der zerfetzten Brust, und in einen Kupfersarg war er gelötet worden, wurde hier das erwiesen, was man in Österreich so die letzte Ehre nennt. In der Kapuzinergruft zu Wien kann er von Mexiko träumen, den Kolibris in seiner Gemahlin Volière und von den blutigen Mysterien des Huitzilopochtli, auf die Giosuè Carducci, erster literarischer Tourist im weißen Schlachthaus, bei seinem Besuch in Miramare anspielt.

47 Jahre später führen die Pompfüneberer den Thronfolger Erzherzog Franz Ferdinand und seine Frau Sophie über den Platz. Das Goldene Vlies lag auf den zerfetzten Leibern der Fürsten. Die schwarzen Federnbüsche wackelten an den schwarz lackierten Leichenwagen. (Gediegene Arbeit. Kein Wunder. Damals betrieb ein Italo Svevo die Lackfabrik Veneziani.) Und die Leichen wackelten

müd in ihren ausgepolsterten Särgen. Hoch im Norden, in Artstätten an der Donau, erwartet die beiden das ultimative Ehebett. Während um Europas männliche Jugend der Heldentod wirbt.

Hinter der Stadt, hinter dem Schloß die Föhrenhänge. Sisis Gespenst (gibt es magersüchtige Gespenster?) reitet durch die Lüfte. Wie die kleine Amazone aus Zink, im Garten, gegenüber der Türe von Miramare, die Tag für Tag durch die Blicke Tausender Touristen galoppiert, und einen Panther absticht, der mit seinen Zähnen am Halse ihres Pferdes hängt. Vom Saft ausgepreßten Rindfleisches, von Blut und Lymphe und Veilchengefrorenem hat sich die Kaiserin und Königin Elisabeth ernährt, mit Haut und Haaren Dianen, der Jägerin geweiht. Durch ganz Europa hetzte die Amazone den Hirschen und den Füchsen nach (Mitleid mit den fühlenden Wesen soll ihr fremd gewesen sein), oder sie verfolgte den Schatten des Achilles:

»Weit die Schwingen ausgebreitet,
Über blauen Wassern gleitet
Meine Seele leicht dahin,
Alles Irdische vergessend,
Keine Fernen mehr bemessend,
Will sie freiheitstrunken flieh'n.«

Diana gewährte ihrer Adeptin den weidmännischen Tod, den sie begehrte, eine dreikantige Feile zwischen die Rippen. Auf dem Landungssteg des Hotel Beau Rivage in Genf trat ihr der Überwinder entgegen, den sie mit Leib und Seele begehrt hatte, mehr als je ihren Gatten, den sie für Titanias Esel hielt, in Gestalt des Luigi Luccheni. Sie starb »fern der Heimat«, wie man damals so in die Lesebücher schrieb.

Den Bewohnern des Spukschlosses ist nie Gutes widerfahren: Kronprinz Rudolf, Franz Ferdinand von Österreich-Este. Österreichs Kaiserin Zita, ein vergilbtes Foto zeigt sie mit ihrem Sohne Otto in der Pergola des Schlossgartens (Akazienblüten hängen über Mutter und Kind), durchreiste nach ihrer Vertreibung aus Österreich die Kontinente. Ein Platz in der Kapuzinergruft war ihr zugestanden. Da liegt sie und sehnt sich nach ihrem Gemahl, der sich in Madeira nach ihr sehnt. »Fern der Heimat«. Das Goldene Vlies liegt auf seiner Brust. Der Leichnam soll unversehrt sein. Die Dottoressa G. betete um seine Heiligsprechung.

Eine Verwünschung, fachgerecht ausgesprochen, schert sich nicht um Familiennamen, sie ist unparteiisch. Der Herzog von Aosta, der das Haus nach 1918 bewohnte und, Laune des vermeintlichen Siegers, im Hause den einhäuptigen Savoyer Adler mit dem weißen Kreuz auf dem Bauch anbringen ließ, starb (»fern der Heimat«) in britischer Kriegsgefangenschaft in Kenia, nachdem er von Mussolini als glückloser Vizekönig von Abessinien dort vergeblich nach seiner Art-deco-Wohnung in Miramare gesehnt hatte.

Dem Odysseus, der trunken und satt und deprimiert über die

Piazza torkelt, morgen, sollte er nüchtern sein, wird er sich aufmachen und den Schatten einen Widder opfern, treibt der Eiswind die Tränen aus den Augen. Nicht Rührung, sondern Kälte. Nichts als Kälte. Der Orkan aus des Hades Wohnungen hat ihn tränenblind gemacht.

Geräusche und Bilder verschmelzen, es verschmelzen die Trauermärsche der österreichischen Militärmusik, das Jauchzen des Bersaglieri-Marsches, die Fahnen, schwarzgelb und rotweißgrün, die Herrscher, die Beherrschten, Italiener, Slowenen, Juden, Serben, Albaner, Griechen.

Auf diesem Platz muß Odysseus den Weg des halbblinden James Joyce mit seinen dunkelgrünen Brillen gekreuzt haben; der befindet sich auf dem Heimgang vom Caffè Tommaseo, wo die blinden Spiegel aus dem Jahre 1830 bis heute alles registrieren, und dürstet nach der Anschauung des nackten Leibes seiner Frau Nora Barnacle. Dreitausend Jahre nach Trojas Fall und den Irrfahrten des »göttlichen« wird in dieser letzten Stadt der Lebenden, der ersten Stadt der Toten der Abenteuer des Odysseus gedacht werden. »Sindbad the Sailor and Tindbad the Tailor and Jinbad the Jailer and Whinbad the Whaler and Ninbad the Nailer and Finbad the Failer ...,« wird der Dichter morgen notieren, über seinen Tisch im Caffè gekrümmt, die Nase dicht am Notizblock.

Die Bora putzt den Himmel blank, trocknet die Pfützen auf,

zuletzt auch des Odysseus Tränen. Molly Blooms, Penelopeias, Melonenhintern, der heimgekehrte Ulysses wird ihn dereinst in Ekstase küssen, ein weißer Mond, leuchtet kalt über den Dächern Triests.

Triest reizt mit dem roten Rost seiner kaputten Industrieanlagen, mit dem Fackelschein der Raffinerien vor Muggia. Eine erfahrene Primadonna zwischen allen nur denkbaren Altern.

Triest reizt mit dem Dampf seiner Fleischtöpfe. Bei Pepi, ein paar Schritte von der Börse, sieden die Schweinsschinken, die Schweinsohren, die Schweinswürste im Kessel.

»Sindbad the Sailor and Tindbad the Tailor and Jinbad the Jailer and Whinbad the Whaler and Ninbad the Nailer and Finbad the Failer …,« wird der Dichter morgen notieren, über seinen Tisch im Caffè gekrümmt, die Nase dicht am Notizblock.

Erhaben sind die Katzen, die aufgeplustert, gegen den Sturm unempfindlich, auf den Fischernetzen und den zusammengerollten Tauen im Schatten des Fischmarktes mit seinen zusammengerosteten Gittern schlummern; stets zu einem Prankenhieb bereit, wagt es einer, ihre Ruhe zu stören.

Das Unheil hat sich an Miramare gewöhnt, fühlt
sich längst als Hausfrau.

Österreich im Elysium

An der Decke ein vergoldeter Lorbeerhain. Art Nouveau aus Gips und Bronze. Schon nachgedunkelt. Bronze oxydiert, was ein Glück ist. Im Lorbeerschatten des Caffè San Marco, Via Cesare Battisti. Diesem wurde wie dem Guglielmo Oberdan vorher auf Veranlassung eines österreichischen Kriegsgerichtes der Hals langgezogen, bis die Nackenwirbel brachen, in Trient 1916. Die Dummheit triumphierte und der weltenumspannende Doppeladler ging zwei Jahre später an der Dummheit seiner braven Österreicher ein. (Dummheit ist eine Sünde, sagte die bucklige, katzengescheite Triestiner Jüdin und voltairianische Katholikin Dottoressa G. zu jeder passenden und unpassenden Gelegenheit. Es gibt keine unpassende). Durchatmen in einer Luft, die nach Illy-Kaffee und Zigarrenrauch riecht. In diesem Kaffeehaus läßt sich ums Eck' denken, scharf streiten, abgehoben von der Welt in den Laptop tippen. Allein sein vor allem. Einen Aperitif nehmen. Gebratene Erdäpfel werden (sonst noch was?) mitserviert. Amerika triumphiert im Detail. (Vorsicht!) Aber wir sind in Europa. Aber dort wo Europa unheimlich wird. »Freude, schöner Götterfunken, Tochter aus Elysium«.

»Neunzig Jahre bin ich alt«, sagt der Herr (wer macht sich in entgötterten Tagen auch nur einen Begriff davon, was ein Herr ist) zu seinem Gast: »Mein Großvater war Offizier bei der Kaiserlich-

Königlichen Marine. Meine Wohnung ist zwei Schritte von hier, aber in diesem Raume lebe ich. Hier ist nämlich Österreich. In diesem Raum. Österreich und der Rest der Welt. Da schauen Sie hinauf!« Hinter dem Schreibtisch, wo der alte Herr residiert, die Altersflecken auf den Händen (Wie sind diese Hände geschrumpft, ägyptischen Mumienhänden ähnlich!) gereichen ihm zum Ruhme wie die Goldne Tapferkeitsmedaille einem Offizier der K. u. K. Armee, ist ein Bücherregal in den Pfeiler eingelassen. Der Herr deutet hinauf: »Da sind die Bücher der Dichter, die das Caffè San Marco gemacht haben. Was hier aufbewahrt ist, genügt, um die sogenannte Welt wahrzunehmen: James Joyce, Italo Svevo, Umberto Saba, Scipio Slataper, Rilke, Däubler, Ferruccio Fölkel, Claudio Magris. Wozu die Zeitungen lesen. Die Welt wird nicht besser, schlechter vielleicht. Wahrscheinlich sogar. Ich will gar nicht mehr wissen, was »Fini« heute bedeutet. Früher verstand man darunter unsere Malerin Leonore Fini, die Katzengöttin. Wenn sie in ihre Pariser Wohnung zum Essen einlud, sprangen ihre Katzen auf den gedeckten Tisch und fraßen mit. Aber wer erinnert sich an Leonore Fini? Und jetzt? Fini? Hat das Wort etwas mit »Finis« zu tun? Ich will es nicht wissen. Aber was kann es Besseres geben, als ein Kaffeehaus, wo man in Ruhe gelassen wird? Das reinste Elysium, sage ich Ihnen. Oder kennen Sie etwas Besseres? Etwas Schlechteres schon. Kunststück. Kennen Sie die Risiera di San Sabba?«.

Frage: »Hier hält sich Österreich auf? Sie haben doch gerade gesagt, daß Österreich sich in diesem Raume aufhält?«

Räuspern. Antwort, nicht ungeduldig, aber bestimmt, eine Spur heiser: »Ich kenne Wien, natürlich, für uns alte Triestiner gehört es sich, Wien zu kennen. Aber Wien ist heutzutage in der Tat nur mehr ein geographischer Begriff, wie der selige Metternich das einmal, fälschlicherweise, für Italien formuliert hat. In dem Falle täuschte sich der mit astronomischem Abstand allergescheiteste aller österreichischen Politiker gründlich. Oder gibt es in Wien noch eine einzige Residenz, wo Österreich standesgemäß zu leben vermöchte? Oder in Klagenfurt, Salzburg, Graz, Sankt Pölten? Zeigen Sie mir ein Kaffeehaus, wo die Geister Österreichs den Kleinen Schwarzen und das Glas Wasser hingestellt bekommen, ehe sie noch Herr Ober! gerufen haben? Kennen Sie im realexistierenden Österreich auch nur ein einziges Kaffeehaus, wo man ihnen ein Denkmal aus ihren Büchern errichtet hätte? Die Leute dort oben? Die hinter Tarvis? Pardon, aber das sind doch schon längst keine Österreicher mehr. Sie schuhplatteln, jodeln, schauen sich den Musikantenstadel an, wählen sich irgendwelche Rotzbuben zusammen, wenn ihnen das Bier in den Kopf gestiegen ist. Was sagt denen noch Grillparzer, der in Triest seiner Medea begegnet und daran für sein Lebtag kopfscheu geworden ist? Bis er gesagt hat »Zu spät, zu spät«. Oder Herzmanovsky-Orlando, der Medeas Wohnsitz ausfindig gemacht hat?

Was sagt ihnen der abgründige Mythos der Besitzer von Miramare? Wer schlägt noch vor Schrecken die Augen nieder, wenn er das Wort »Goldenes Vlies« hört? Nein, nein, mein Herr, wir sind es, die auf unser Österreich aufpassen, solange wir können halt; in unserem Extrazimmer werden Sie es finden, warten Sie, ich werde nachfragen lassen, ob Österreich Sie empfängt. Waren gestern unpäßlich. Die Nachrichten, immer die Nachrichten. Bitte einen Augenblick warten zu wollen«.

»Die gnädige Frau geruhen zu empfangen«: Die verspiegelte Tür zum Separée geht auf, im Dämmerlicht, die Fenster sind verhangen, draußen wird es schön langsam Abend, gewahrt der Gast niemanden. Leere. Im Vorwort zu der von Piero Rismondo besorgten Übersetzung von Svevos »Senilità« schreibt eine gewisse Lene Waage-Petersen vom Alten Österreich sehr treffend, seine »Wirklichkeit ist auf Abwesenheit, auf Leere gerichtet«.

Aber die zwei schwarzen Patschen aus Rauhleder mit dem Reißverschluß, die sich auf dem schwarz geölten Fußboden aus der puren Leere materialisieren, die hat er doch schon einmal gesehen. Ein bodenlanger schwarzer Kittel, zwei uralte weiße Hände liegen gefaltet im Schoß. Eine Halluzination? Er war doch bei ihrem Begräbnis in Wien, 1989, sechs Rappen zogen den schwarzen Leichenwagen, die Zirler Schützen bgeleiteten ihn, und die Pummerin donnerte vom Heidenturm. »Majestät«. Zwei uralte Elefantenaugen, gütig, aber nie und nimmer aber auch schon nichts und niemanden vergessend. »Und, was gibt es Neues im lieben Österreich? Erzählen Sie mir, aber etwas Schönes, wenn's geht … Seit ich mit dem Otto im Arm in der Pergola von Miramare gesessen bin, hat es dort nicht viel Schönes gegeben. Ja, zweimal war ich noch in der Stephanskirche. Einmal lebendig, das zweite Mal im Sarg.« Der Gast beugt sich über die weißen Finger, die sich ihm engegenstrecken. Den Handkuß appliziert er schon wieder der reinen Leere.

Dieselbe riecht jetzt nach Weihrauch: Gold und Silber und die Krone und der Szepter und das Gewand brokatstarrend, zwölf Sterne um das Köpfchen unter der fein gepuderten Perücke. Das Gesicht ist so gleißend hell, daß man die Züge nicht erkennen kann. Einen gekrönten Buben hält die Erscheinung in den Armen. »Wir ziehen zur Mutter der Gnaden, zu ihrem hochheiligen Bild«, sangen die Pilgerscharen früher in Österreich. Das Bild, Bauernrokoko, das im Schloss der Baronessa B. hängt, hat sich manifestiert. Was hatte die Baronessa gesagt: »Es waren ein paar überaus fromme Herren hier, ein Kardinal, rot wie ein gekochter Hummer, war darunter. Die haben behauptet, das Bild da an der Wand, das wär' doch die reinste Blasphemie. Die Mariazeller Muttergottes als Porträt der Maria Theresia, und dann noch das Kind. Josef II, der Aufklärer. Das müssen sie verhängen, Baronin«. Der Weihrauch wölkt, das Sistrum der Ministranten rast, in der Basilika von Mariazell, in welche sich das

Extrazimmer weitet, ist es so heiß geworden, daß sich die Kerzen biegen. Erhebend. Komisch. »Was soll's, das Bild bleibt da hängen«, hatte die Baronessa, selbst über die Maßen fromm, geschlossen. »Sie hat auf den Salinen den Borgo Teresiano bei uns bauen lassen, mit dem Kanal. Das Bild bleibt hängen.«

Schon ist es weg, Leere über dem schwarzen Fußboden.

»Tun's nicht so fromm, fromm bin ich selber.« Fulminant der Busen (sprengt er die Corsagen jetzt und jetzt oder doch nicht?), das Geschau von einer 17jährigen, die nicht nur um eine Spur zu genau weiß, was sie will. Was heißt zu genau – man kann in eroticis nicht präzise genug wissen, was man will … Genies will sie, Männer, die ihr zumindest ebenbürtig sind. Klimt und Zemlinsky, Gustav Mahler und Kokoschka, Gropius und Franz Werfel und den hochwürdigsten Herrn Beichtvater Pater S. zum Dessert: »Der Kokoschka hat sich eine Puppe nähen lassen. An sich eine unappetitliche Geschichte. Aber mit meinem Porträt, von ihm selbst gemalt. Ein echter Kokoschka. Doch nicht so unappetitlich. Die Puppe hat er dann gevögelt. Pardon, hoch verehrt hat er sie und ist mit ihr im Fiaker durch den Prater gefahren. Die Hand hat er ihr geküßt. Dann ist es ihm selber zu blöd geworden. Er hat sie weggeschmissen. Schad drum, war mein Porträt darauf. Ich hätte sie auf meinen Diwan gelegt. Eine Trophäe mehr. Aber zum 70er hat er mir dann gratuliert, der dumme Bub. Ja, ich bin auch da im Exil. Wofür wäre ich sonst mit der Dritten vom Bruckner im Rucksack, zu Fuß und mit dem Juden Werfel im Schlepptau über die Pyrenäen gegangen? Damit wir den rotzigen Nazibuben auskommen. Retour gehen ins realexistierende Österreich? Daß ich nicht lache, dorthin, wo man uns eh nie zurückhaben wollte. Die alte Kaiserin nicht und die Mariazellerin auch nicht und mich? »Was haben sie sich auch mit dem Juden Mahler einlassen müssen«, hat mich ein Beamter gefragt, als ich nach dem Krieg einmal nach Wien gekommen bin. Aber hier in Triest, waren wir auf der Flucht 1938 einmal noch auf dem Boden, den wir »Österreich« genannt hatten. Als der Zug dann an Grignano vorbei dampfte, hat der Franz hinunter geschaut nach Miramare. Werfel hat, wie Sie wissen ein Stück über den Kaiser und seinen Todfeind geschrieben, 1924, »Maximilian und Juarez«. Ist am Burgtheater aufgeführt worden.

Lieb', was der Kokoschka mir zum Siebziger geschrieben hat: »Sieh Dir die öden und prosaischen Gesichter um Dich herum an – nicht eines hat die Spannung des Kämpfens mit dem Leben erkannt, des Genießens, selbst des Todes, des Lächelns über die Kugel im Schädel, das Messer in der Lunge. Nicht einer – außer Deinem Geliebten, Den Du einst in Deine Geheimnisse einweihtest. Denke daran, daß dieses Liebesspiel das einzige Kind ist, das wir haben. Nimm' Dich in acht und verbringe Deinen Geburtstag ohne Katzenjammer ...«

Aber jetzt haben wir genug getratscht. Wir wollen allein sein, allein, allein. Wie der Kaiser Rudolf II. beim seligen Grillparzer. Allein, allein, allein.«

»Österreich war relativ gut aufgelegt heute«, flüstert der Cafetier, indem er den Gast diskret am Ärmel aus dem Extrazimmer zieht. Richtig leutselig. Hat halt wieder einmal die Zeitungen aus dem realexistierenden Österreich nicht gelesen. Ich habe dieselben versteckt, die Dame ist leidend, bedarf der Schonung. Oder hätten Sie der Kaiserin Charlotte von Mexiko die Zeitungen gegeben, 1867, wie sie ihr den Maximilian erschossen haben? Ehren-Triestiner, alle beide. Er lag in Queretaro in seinem Blut, sie starb 50 Jahre danach in Tervueren. Das liegt in Belgien. Vergessen ist Humanität und Bestialität in einem, je nach der Dosierung. Die dort oben, die hinter Tarvis, die haben Vergessen getrunken, bis zur Amnesie.

Ein Kellner drängt vorbei, stolpert, das verspiegelte Tablett zerklirrt am Boden. »Da haben Sie die Bescherung«, sagt der alte Herr: »Ganz wie im November 1918. Tausend Spiegelfragmente, jedes spiegelt aber das Ganze wieder. Nur der Rahmen, der ist leer. Den bewahren die hinter Tarvis auf, die Lederhösler. Wir haben zumindest einen Splitter.« Das realexistierende Österreich ist zum blinden Fleck geworden, das Mysterium »Österreich« glitzert in den Fragmenten. Und in diesem Kaffeehaus, wo einst die italienischen Irredentisten gegen Österreich (sie waren beide nicht blöd) konspirierten, justament hier hat es sein Austragsstüberl.

Das Vergessen: das Herrliche und das Entsetzliche haben die hinter Tarvis mitvergessen. Die Sage vom Goldenen Vlies ebenso wie die Hölle der Risiera di San Sabba, wo die hinter Tarvis – wenn ich mich recht erinnere, war die Direktion in Kärnten – die Folterknechte stellten. Alle sind sie Lemuren geworden. Ja, das Vergessen: Österreichische Humanität, österreichische Bestialität. »Glücklich ist, wer vergißt, was doch nicht zu ändern ist«. Das hätten die Leute, die sich heute Österreicher nennen, zu ihrer Nationalhymne machen sollen. Daß das Österreich, von dem die hinter Tarvis nichts mehr wissen, auch nichts mehr wissen wollen, drei Köpfe hat, haben Sie ja wohl bemerkt … Man weiß nie woran man gerade ist, wenn man, wie ich, den Mokka hineinträgt … Wo man ist, schon. Daheim.

Hubertusmesse

ES GIBT HÄUSER, in denen spukt es bereits, ehe ihre Grundfesten errichtet worden sind. Sie sind von Gespenstern erträumt, geplant, ausgeführt, bewohnt. Die Bewohner selbst verwandeln sich in dem Augenblick in Schemen, in dem sie zum ersten Mal den Fuß über die Schwelle ihres Heimes setzen.

DIE PTOLEMÄISCHE SPHINX aus rosenfarbenem Granit, vom Erzherzog Ferdinand Max aus dem Wüstensand geborgen, auf seine Fregatte Novara gebracht und aus Ägypten nach Norden entführt, spitzte ihre Ohren, leckte sich die Lippen, als das Schiff in die Bucht von Grignano einfuhr: »Gut gewählt, Kaiserliche Hoheit, ein famoser Felsen für einen Prinzen, der mit dem Einsatz seines Lebens Roulette spielt. Wer weiß, vielleicht gewinnen Kaiserliche Hoheit. Das Reich Karls V. wäre den Jeton wohl wert.«

IM NORDEN DER EINGANG zur Unterwelt und das Schloß Duino, wo Dante über seinen Erfahrungen in der Hölle brütete, im Osten die Höhlensysteme des Karstes. Im Süden Triest. Und im Südwesten der Campanile von Piran, auf dem der Seelenführer Hermes über die Toten und ihre Ankunft wacht. Er hat sich als Erzengel Michael verkleidet. Und das Meer, das sich in die weißen Klippen verbeißt. Grenzenlos flimmert es, glatt ist seine Schlangenhaut, bis zum Strand von Veracruz.

DER ERZHERZOG ist 1832 zu Schönbrunn gerade in der Stunde geboren, als ein paar Zimmer weiter Napoleons und Marie-Louisens Sohn, der Aiglon, das Adlerjunge, seine letzten Züge tat. Der Napoleonide nimmt noch die Salutschüsse zur glücklichen Niederkunft wahr. Maximilians Mutter Sophie verfällt in Schwermut, als man ihr den Tod des Aiglon berichtet.

VERMEINTLICHES GLÜCK ZUNÄCHST: Erzherzog Ferdinand Max, Marineur, weil ihn sein Bruder, der Kaiser Franz Joseph dazu befohlen hat, aber auch aus Leidenschaft, Weltreisender, Forscher, Verwaltungstalent, Vizekönig von Lombardei-Venetien, gerät bei einer Bootstour im Golf von Triest in einen plötzlich ausbrechenden Sturm. Sagt die Legende. Ehe das Boot kentert, rettet er sich und die Besatzung auf eine Kalkklippe, die ins kochende Meer abstürzt. Ein unvorstellbares Panorama bietet sich hier, stellt der Romantiker fest. Und hier will er partout wohnen. Das bildet er sich ein. Hier wird er die schönen Nippesfiguren aufstellen, die er in ägyptischen Königsgräbern gefunden hat. (Wußte er nicht, daß man aus Gräbern nichts mitgehen läßt?) Und die Sphinx dazu, die wird er ebenfalls hier aufstellen. No, bravo. Der Erzherzog kauft das gesamte Terrain. Nennt es auf spanisch »Miramar« (Was hat ihm die Sphinx über das Reich Karls V. ins Ohr gesagt?). Er läßt bauen, blindwütig, eilig, wie einer, der weiß, daß er keine Zeit hat.

HINGERISSEN VOM PANORAMA auch die siebzehnjährige Prinzessin Charlotte von Belgien. Ihr zeigt Maximilian sofort nach der Hochzeit (am 27. Juli 1857 in Brüssel) seine Domäne. Das Haus ist noch nicht fertig. Das junge Paar bezieht den Castellotto, Maximilians Übergangsvilla im Park. Im Frühling des Jahres 2000 werden die Arbeiter das Liebesnest (War es je ein solches? Es gibt ein ärztliches Bulletin, das andeutet, Charlotte sei noch Jungfrau gewesen, als sie Witwe wurde.) energisch renovieren. Zwischen herunterhängenden Kabeln und aufgerissenen Böden eine Beklemmung, der nicht einmal mit den neuesten Hits aus dem Transistorradio beizukommen ist. Das haben die Arbeiter mitgebracht und auf volle Lautstärke gedreht. Die bunten Glasscheiben über der Eingangstüre, blutrot und ultramarinblau, sind dieselben, durch welche Maximilian und Charlotte geschaut haben. Die Treppe, die in den ersten Stock hinaufführt, schaut aus, als stammte sie aus einem überhaps gebauten Zinshaus in der Wiener Vorstadt. Aufgang in einen Alptraum. Bis 1927 wird derselbe für Charlotte andauern. Wer sich ein solches Haus errichtet, darf sich nicht wundern, wenn das Unheil einkehrt.

DAS UNHEIL BEVORZUGT die rückwärtigen Eingänge. Als Maximilian und Charlotte, vom kleinen Hafen Grignano kommend, in ihr Nest strebten, über den Gartenweg, da ist ihnen das Unheil, neugierig, unternehmungslustig, verspielt, wie es ist, nachgeschlichen. Es hat sich köstlich über die schmiedeeisene Ananas amüsiert, die Maximi-

In Triest nach der Heimat fragen. Ausgerechnet in Triest.

VENDESI
Perfetto, panoramico,
soggiorno, camera
camerino, cucina bagno
Tel. 040 634545

PROPIETA
PRIVATA

Die Leute dort oben? Die hinter Tarvis? Pardon, aber das sind doch schon längst keine Österreicher mehr. Sie schuhplatteln, jodeln, schauen sich den Musikantenstadel an, wählen sich irgendwelche Rotzbuben zusammen, wenn ihnen das Bier in den Kopf gestiegen ist.

TRIESTE C.LE

Hingerissen vom Panorama auch die siebzehnhährige Prinzessin Charlotte von Belgien. Das junge Paar bezieht den Castellotto, Maximilians Übergangsvilla im Park.

lian am rückwärtigen Gartentor hatte anbringen lassen. Sein Gartenhaus, erst recht das im Bau befindliche Schloß, sind nach des Unheils Geschmack. Wohnlich, überschaubar. Jedem Bewohner sein Unheil und das nach Maß. – Maximilian hatte einen Hang fürs Exotische. Sein Unheil wird ihn diesbezüglich zufriedenstellen.

DIE LOMBARDEI, das schöne Vizekönigtum in Mailand und die Gärten von Monza waren schnell dahin. Das Wappen mit der Schlange, die ein Kind verschlingt. Was tun, als arbeitsloser Vizekönig? Auf der Jacht »Greif« die Adria hinuntersegeln bis Cattaro, sich die Insel Lacroma kaufen, sich dortselbst die sagenhafte Verwünschung eines Mönches einhandeln (als ob Miramare nicht ausgereicht hätte), wieder zurückfahren, den Bau von Miramare beaufsichtigen, Einrichtungsgegenstände sammeln, lesen (Homer, Dante, Shakespeare, Goethe), schreiben, selbst dichten, der schönen Frau beim Klavierspielen zuhören? Und was ist mit dem Traum von der Restauration des Reiches, in dem die Sonne nicht untergeht?

ZUM ERSTEN MAL ist die Kaiserin Elisabeth persönlich nach Miramare gekommen. Um hier, selten genug, ihren Gemahl Franz Joseph zu treffen. Der Bau nimmt sich aus wie der ehemalige Wiener Nordbahnhof, in istrischen Marmor übersetzt. Die Kaiserin hatte ihren riesigen Jagdhund mit. Der stürzte sich sofort auf Charlottes Schoßhündchen, ein Geschenk ihres Vaters König Leopold I. von Belgien, und fraß dasselbe auf. Elisabeth hatte nicht geruht, die Bestie zurückzupfeifen. Die beiden Damen, Konkurrentinnen an Schönheit, mochten einander nicht leiden. Maximilian schwärmte für seine Schwägerin, sie für ihn.

EINE WILLKOMMENE ABWECHSLUNG: Einige Herren im Frack erscheinen, lassen untertänigst anfragen, ob der Herr Erzherzog nicht ihr Kaiser werden wolle. Kaiser von Mexiko. Noch gibt es kein Kaiserreich Mexiko, aber das wird sich finden. Napoleon III. ist Feuer und Flamme für die Idee (die Republik Mexiko schuldete Frankreich ein kolossales Vermögen): Maximilian muß Kaiser werden. Die französischen Zouaven in ihren roten Pluderhosen werden ihm den Weg ins mexikanische Hochland frei machen. Maximilian überlegt, Charlotte hat sogleich Feuer gefangen. Franz Joseph ist entsetzt. Nichts als Eifersucht dem beliebteren Bruder gegenüber, vermutet man in Miramare. Wo doch seine Heiligkeit, der Papst (Pio Nono) durchaus und mit Nachdruck dafür eintreten, daß ein streng katholischer Herrscher den gottlosen Republikanern Mexikos zeigt, wo der liebe Gott wohnt. Und der vor allem dafür sorgt, daß die von der Republik beschlagnahmten Kirchengüter restituiert werden.

DAS TISCHCHEN, auf welchem Maximilian die Urkunde unterzeichnet, die ihn zum Kaiser von Mexiko und in der Folge zum Jagdwild des republikanischen Präsidenten Benito Juarez macht, ist noch vorhanden. Ein Geschenk des Papstes Pio Nono. Derselbe war damals noch nicht unfehlbar, das sollte er erst drei Jahre nach Maximilians Ableben werden. Marmorinkrustationen mit den Sehenswürdigkeiten Roms. Ein Souvenir. Damit man nicht auf die Kirchengüter vergißt?

DER BRUDER FRANZ JOSEPH kommt selbst nach Miramare, um die geforderte Verzichtserklärung seines Bruders auf Österreichs Thron und auf seine Rechte im Erzhaus entgegenzunehmen. Dann erst darf Maximilian Kaiser von Mexiko werden. Franz Joseph gilt als wenig romantisch. Aber bei der Abfahrt vom Privatbahnhof in Grignano springt er noch einmal vom Trittbrett seines Salonwagens. Er stürzt auf seinen Bruder zu, schlingt seine Arme um ihn und schluchzt: »Max!« Pessimisten haben ein subtileres Gespür für das Unheil, als Optimisten. Franz Joseph hatte selbst ein heimtückisches Unglück zur Untermieterin in Schönbrunn und in der Hofburg.

DREI TAGE SPÄTER drängen sich die Leute auf dem Quai vor dem Privathafen. Der neue Kaiser steht, Charlotte an seiner Seite, stolz in der Schaluppe. Die Sphinx, im Winter 2000 werden ihr Teenager mittels Lippenstift und Eyeliner ein zeitgemäßes Make-up verpaßt haben, schaut den Abreisenden nach. Sie bleibt. Sie wartet. Sphingen sind konservativ. Und haben Humor. Schwarzen.

ES KOMMT, wie es das Unheil sich ausgedacht hat. (Im Gegensatz zur Sphinx hat es den Ausflug nach Mexiko mitgemacht. Das Unheil ist fortschrittlich. Und ebenfalls humorbegabt). Frohe Feste, Trompeten, Feuerwerke, Reformeifer des jungen Monarchen, viel, viel zu viel Idealismus, wenig Vorsicht, viel Eigensinn und der große Traum vom Reiche Karls V.

NACH ZWEI JAHREN ist die Lage aussichtslos. Groß war der Idealismus gewesen, unschuldig zuletzt nicht mehr. Hunderte Republikaner fallen vor den Hinrichtungs-Pelotons der Kaiserlichen. »Vierhundertfünfzig Erschossene allein in der Stadt Sacatecas, irrtümlich Gehenkte in Tambico«, schreibt Charlottes Onkel, der Herzog von Joinville, voll Grauen. Die Aufständischen werden aber nicht weniger. Kaiserlicher Idealismus ja, aber zu welchem Preis? Charlotte reist nach Europa, um Hilfe zu organisieren. Diese gibt es nicht: Österreich hat den Krieg gegen Preußen verloren, Frankreich ist von Preußen bedroht. Bleibt der Papst, vermeint Charlotte.

PIO NONO ist zuvorkommend, liebenswürdig. Von Hilfe keine Rede. Wie auch hätte er ihr helfen können, wo doch Garibaldi schon darüber nachdenkt, durch welche Pforte er in Rom einreiten solle? Wohl aber war von der versprochenen Restitution der Kirchengüter die Rede. Diese Frage war obsolet geworden. Maximilian, er war wirklich ein Reformer (nämlich einer mit Pech), wollte lange nicht. Jetzt hätte er gar nicht mehr können, selbst wenn er gewollt hätte.

CHARLOTTE IST DESPERAT. In aller Herrgottsfrühe (wann sonst, bei der Visite?) des 30. September 1866 läßt sie sich im Fiaker in den

Vatikan fahren. Die Schweizer Garden halten sie nicht auf, als sie durch die Couloirs rennt. Vor dem Appartement des Papstes ein paar Kardinäle. Sie müsse sofort zu Seiner Heiligkeit, sagt die Kaiserin. Das ginge jetzt nicht, Majestät müssen verstehen: der Heilige Vater ist beim Frühstück. Charlotte reißt die Türflügel auf. In der Tat, der Papst ist dabei, seinen Kakao zu löffeln. Seine Besucherin (in Crinoline, man stelle sich das vor) stürzt auf ihn zu, reißt ihm die Tasse aus der Hand, trinkt in gierigen Zügen. Seit Tagen hat sie nichts zu sich genommen, aus Angst, vergiftet zu werden. Nie mehr will sie weggehen. Sie bleibt eine Nacht lang im Vatikan, in irgendeinem Salon stellt man ihr ein Sofa auf.

ÜBERLISTET, ins Hotel zurückgebracht, fordert sie, daß man ihr Déjeuner vor ihren Augen zubereite. Ihre Kammerfrau muß die Hühner in ihrem Zimmer schlachten, ausnehmen, rupfen, braten. Das Hühner-Blut sickert in die Teppiche. Souvenirs aus Yucatan?

WOHIN MIT DER TOLL gewordenen Kaiserin von Mexiko? Nach Miramare! Man sperrt sie im ersten Stock des Castellotto ein. Vor den Fenstern (Blick übers Meer in Richtung Norden), hat man sofort Gitter anbringen lassen. Niemand darf zu ihr, mit Ausnahme der Ärzte und des selbsternannten Wärters, des Grafen Bombelles. Mangels an menschlichen Umganges hält sich Charlotte Katzen. Viele Katzen. Die Katzen, die heute zu Tausenden Miramare bevölkern, sind die Nachkommen der Tiere, denen die Kaiserin von Mexiko ihr Vertrauen schenkte. In den Türen des Castellotto waren Katzenklappen eingebaut. Die Katzen durften im Garten promenieren.

IN QUERETARO haben die Republikaner am 15. Mai 1867 den Kaiser Maximilian festgenommen. Sein Gefängnis befindet sich in der Gruft eines Klosters. Auf die Nachricht von der Gefangennahme Maximilians erhängt sich in Miramare, wer weiß warum, die schöne Kammerfrau Amalia Stöger.

KURZER PROZESS für Maximilian. Am 13. Juni steht er zwischen seinen Generälen Miramon und Mejia vor seinem Hinrichtungspeloton. Jeder Soldat erhält vom Kaiser einen Golddukaten, damit er gut ziele. Der Tod soll sofort eingetreten sein, sagen die einen. Die anderen sprechen von einem Gnadenschuß, den man dem Sterbenden erteilen mußte. »Arme Charlotte!«, sollen seine letzten Worte gewesen sein. Daß seine Frau wahnsinnig geworden war, hatte er noch erfahren müssen.

IN YUCATAN, wo die Kaiserin vor ihrer Abreise einen Besuch gemacht hatte, hält sich die Legende, Feinde hätten ihr das Gift eingegeben, welches Voodoo-Priester ihren Opfern verabreichen, um sie in Zombies zu verwandeln.

HERBST 1868: Mit gerafften Segeln treibt die Fregatte Novara in den Golf von Triest. Die blutig-weiß-blutige Flagge am Topp ist auf Halbmast gesetzt. Der tote Kaiser Maximilian kehrt auf seinem Schiff heim, eingelötet in eine kupferne Truhe. Die Einbalsamierung des Leichnams ist hastig vor sich gegangen. Der Mund klafft, wie im letzten Ausatmen, Sehnen, Muskeln des Antlitzes sind mürbe geworden. Auf des Toten Brust glänzt das goldene Widderfell. In Wien wird es dichte Flocken schneien, während er in die Kapuzinergruft gebracht werden wird.

LEOPOLD II., König von Belgien holt Charlotte zurück nach Brüssel. Im Schloß Tervueren gießt die Kaiserin die Blumen auf den Teppichen in ihren Zimmern. Ist ihr nach Beten zumute, pilgert sie zu der Kapelle des heiligen Hubertus. Der ist der Patron der Jäger und des Wildes. Als ihm ein weißer Hirsch erschien, habe er nicht auf ihn geschossen.

DAS UNHEIL HAT SICH an Miramare gewöhnt, fühlt sich längst als Hausfrau. Alles hält sie in Ordnung. Der Kronprinz Rudolf, Kaiser Franz Josephs einziger Sohn, zählt zu den Begabten seiner Familie. Wie einst Maximilian. Er hält sich jetzt gerne in Miramare auf, wie seine Mutter Elisabeth. Da wird sich doch ein brandaktueller Kolportageroman arrangieren lassen.

IM VESTIBÜL des Schlosses sind, noch auf Veranlassung Maximilians, Jagdwaffen und Trophäen angebracht. Der Kronprinz Rudolf ist ein hemmungsloser Jäger. Das jagdliche Ambiente auf Miramare wird ihm zugesagt haben: Rudolf schießt auf alles, was sich bewegt, Vögel, Hasen, Hunde, Katzen. In seiner Leidenschaft hätte er einmal beinah den eigenen Vater erschossen. Der Schuß streifte einen Jagdgefährten. Ein Pech. Das wird ihm nicht mehr passieren. Bald schießt er in toller Gier nach Trophäen einen weißen Hirschen. Blattschuß. (Oh Sankt Hubertus!) Und im Jänner 1889, da wird seine Hand sicher sein, wenn er sein Reh, die Baronesse Vetsera in Mayerling mit einem Schuß in die Schläfe tötet. Und auch an sich selber wird er, sechs Stunden später, keinen Fehlschuß getan haben. »Er ist gestorben, wie ein Schneider«, weint Franz Joseph, als er den tatsächlichen Hergang der Tat erfährt. »Schneider« bedeutet in der Jägersprache einen Hirschen, der sich nicht dem Jäger stellt.

DIE KAISERIN ELISABETH, Mater Dolorosa und stets in Schwarz seit ihre Sohnes Jagdglück an seiner Geliebten und an sich selbst, zieht es jetzt öfter nach Miramare. Ihr Griechisch-Lehrer Constantin Christomanos schreibt am 6. März 1892 in sein Tagebuch: »Die Kaiserin läßt sich in einem blassen, blauseidenen Boudoir frisieren. Die Wände sind mit den Bildern der belgischen Königsfamilie geschmückt; diese erinnern mich daran, daß das Schicksal der Königsgeschlechter (nämlich das Unglück derselben – denn das Schicksal ist immer unheilvoll) sich durch die Bande des Blutes auf andere überträgt.« Der Mann hatte Sinn für den genius loci.

»Mitternacht. Das weiße Schloß
Hebt sich aus dem Meeresgrunde;
Und es ist sein Marmor bloß,
Der noch Licht beut dieser Stunde.«,

hatte Elisabeth im Jahre 1887 auf Miramare gedichtet. Das Unheil schreibt mit Eifer weiter am Kolportageroman »Miramare«. Nachdem ihr Luccheni seine Feile ins Herz gerammt hatte, schritt die Kaiserin, ohne ihre Verletzung wahrzunehmen, auf dem Landungssteg vor dem Hotel Beau Rivage in Genf weiter und betrat das Schiff. Dann erst brach sie zusammen (1898). Lucchenis Kopf wurde nach seinem Selbstmord präpariert und befindet sich in einem Spirituspokal.

STEPHANIE, die vom Unheil gezauste Witwe des Kronprinzen Rudolf, verehelicht sich lange danach mit dem ungarischen Grafen Lonyay. Wo? In der Schloßkapelle zu Miramare. Das hohe Paar wird im Jahre 1945 sterben. Sowjetische Truppen haben die Abtei Pannonhalma erobert, wo dann beide in der Krypta ihr Grab finden.

DER ERZHERZOG FRANZ FERDINAND, Neffe Kaiser Franz Josephs, war schwindsüchtig. Seit Rudolfs Tod Thronfolger verbrachte er Jahre in Ägypten und Indien, um sich auszukurieren. Und um zu jagen: Elefanten, Löwen, Gazellen, Tiger. Vielleicht gibt es in der Geschichte keinen Jäger, der soviele Tiere zur Strecke gebracht hat, wie Franz Ferdinand. Die Unzahl seiner Abschüsse geht ins Aberwitzige. Miramare sagt dem Jäger, der Kommandant der österreichisch-ungarischen Kriegsmarine zu. Liegt es an den grausigen Monstranzen aus Jagdspeeren, die Maximilian im Treppenhaus hat anbringen lassen? Im August 1913 soll Franz Ferdinand aber in Golling, im Salzburgischen seiner Jagdsucht gefrönt haben. Da bricht aus den Latschen eine weiße Gams. Reflexartig reißt der Erzherzog die Büchse hoch. Bumsti. Blattschuß. »Das hätten Kaiserliche Hoheit lieber nicht tun sollen«, soll ein Jagdgehilfe aus der Gegend gemeint haben: »Über Jahr und Tag werden Sie selber derschossen werden.«

DIE SCHUSSKANÄLE gingen durch die Hauptschlagader des Thronfolgers und durch die Eingeweide seiner Frau, der Herzogin Sophie von Hohenberg, wird man über Jahr und Tag feststellen. Franz Ferdinand war soeben auf dem Sofa des Feldzeugmeisters Potiorek den Verletzungen erlegen, die ihm der Gymnasiast Gavrilo Princip am 28. Juni 1914 beigebracht hatte. Das Sofa war Mitte der 90er Jahre im Wiener Dorotheum zur Auktion ausgeschrieben, die verblaßten Blutflecken inklusive, konnte man das Möbel in einem abgelegenen Schauraum besichtigen. Die vom Arzt aufgeschnittene Uniformbluse liegt in einer Vitrine des Heeresgeschichtlichen Museums in Wien, aufgebockt daneben das Auto mit den Einschüssen.

FRANZ FERDINAND und seine Frau landeten, nachdem die Marine ihren Admiral per Schiff aus Bosnien überführt hatte, posthum in

Sichtweite von Miramare. Über die Umstände ihres Leichenzuges in Wien und ihrer Bestattung in Artstätten (Niederösterreich) ist Karl Kraus (»Die letzten Tage der Menschheit«) zu konsultieren. »Belvederegsindel« hatte man den gelehrten Reformer-Kreis um Franz Ferdinand genannt. Der Thronfolger hatte das Belvedere bewohnt. Zu einer Reform (»Die Vereinigten Staaten von Groß-Österreich«), ist es in der Folge nicht mehr gekommen.

GLEICHFALLS IN SICHTWEITE von Miramare »fallen« im Ersten Weltkrieg Hunderttausende. Italiener, Österreicher aller Sprachen, Ungarn. »Fallen« ist ein Euphemismus. »Verrecken« entspräche den Tatsachen.

DAS HAUS SAVOYEN tat einen Mißgriff, als es 1919 Miramare als Siegesbeute vom Hause Österreich übernahm. Dem Unheil ist der Familienname der Besitzer des Hauses egal, wo es sich eingerichtet hat. Es hält Ordnung. Der Herzog Amedeo von Aosta, Neffe Vittorio Emmanueles III., ein leutseliger großer Herr und ein Liberaler noch dazu (das Appartement, das er, ausgerechnet in Miramare bewohnte, ist, wie schon gesagt, so Art Deco, wie nur irgendwo in Paris), steht heute als klagende expressionistische Plastik im Schloßpark. Mussolini, der (allerdings nur halb) dämonische Oberlehrer aus Predappio, der sich für Julius Caesar hielt, schickte ihn als Vizekönig nach Abessinien. Dortselbst unterlag Amedeo d'Aosta im Verlaufe des Zweiten Weltkrieges den britischen Truppen. Die Engländer gestanden ihm ehrenvolle Bedingungen zu und hielten ihn in Nairobi (Kenia) in Ehrenhaft. Nichtsdestoweniger verstarb der Besitzer von Miramare »fern der Heimat«, wie man so schön sagt. Wie zum Hohne ist das steinerne Savoyen-Wappen über dem Portal von faschistischen Liktorenbündeln flankiert.

DIE DEUTSCHEN »VERBÜNDETEN« Italiens hatten mittlerweile in Triest ihr einziges Konzentrationslager auf italienischem Boden eingerichtet, die Risiera di San Sabba. Kommandant war der aus Triest gebürtige Kärntner Schlächter Odilo Globocnik. Vorhölle und Hölle in einem: Dante Alighieri hätte die Hände vor sein Antlitz geschlagen.

WANN ZIEHT DAS UNHEIL, das einst Maximilian & Charlotte nachgeschlichen ist, Bilanz? Mitten im marmornen Kitsch residierend, zieht es die Touristen an. Hat es sich ausgezahlt? Nein und ja. Die Eintrittskarten sind wohlfeil, Schloß und Garten erfreuen sich regen Zuspruchs. Marketing erstklassig.

Die ptolemäische Sphinx aus rosenfarbenem Granit, vom Erzherzog Ferdinand Max aus dem Wüstensand geborgen, auf seine Fregatte Novara gebracht und aus Ägypten nach Norden entführt, leckte sich die Lippen, als das Schiff in die Bucht von Grignano einfuhr: »Gut gewählt, Kaiserliche Hoheit ...!«

REGIONE AUTONOMA
FRIULI-VENEZIA GIULIA

Voraus das unsägliche Rathaus, das pompöse Regierungsgebäude (früher Sitz des Lloyd Adriatico), das Caffè degli Specchi zur Linken, das Hotel Duchi d'Aosta zur Rechten.

Picknick am Timavo

Ne absorbeat eis Tartarus
Ne cadant in obscurum …
(Totenliturgie)

Mangia bene, cacca forte,
Non aver paura della morte …

»Warum sagte man in Österreich ›Backhendlfriedhof‹, wenn man den Magen eines Gefräßigen meinte? Warum ›Mehlspeistartarus‹? Warum hieß ein steinerner Sarg bei den Alten ›Sarkophag‹ – Fleischfresser?«, fragte einst die bucklige Frau in Schwarz und schaute mir listig in die Augen.

»Dunkle Kunst, die mich die Mutter gelehrt,
Die den Stamm du treibst in des Lebens Lüfte
Und die Wurzeln geheimnisvoll
Hinabsenkst zu den Klüften der Unterwelt,
Sei mir Gewärtig! – Medea *will*!«

Ihren Grillparzer hat die Offizierstochter auswendig gekannt. Die Dottoressa G. ist schon lange gestorben. Aber hier nimmt das niemand so genau, im Hain rund um die Kirche des Heiligen Johannes des Täufers, dort wo der Timavo grün aus dem Boden bricht, grün und reißend dem Meere zustrebt. An diesem Orte, wo die

Posaunen des Jüngsten Gerichtes zum ersten Mal ertönen werden, wie die Leute sagen, treten die existentielle Fragen zutage. Ob einer tot ist, im herkömmlichen Sinne, oder lebendig, das ist keine existentielle Frage. Aber der Backhendelfriedhof, der Mehlspeistartarus, der Sarkophag, das sind ernste Fragen. Läuft das Ganze nicht auf die Vorstellung hinaus, ein jeder trüge seine Unterwelt in den Eingeweiden? Odysseus hat in diesem Hain, an dieser Stelle mit seinem Schwerte eine Grube ausgehoben. Die Gefährten standen dabei und fürchteten sich. Zuerst haben sie Milch und Honig und Wein hineingegossen. Die Grube ist ein Gourmet, ein Gourmand, ein Allesverschlinger: Es folgten Wasser und Mehl, die Grundbestandteile des Brotes. Dann hat er den Unteren seine Schafe geopfert und sie über der Grube ausbluten lassen.

»Und nachdem ich flehend die Schar der Toten gesühnet,
Nahm ich die Schaf' und zerschnitt die Gurgeln über der Grube …«

Die Grube schätzt Lammsteak. Ein Rüchlein Rosmarin treibt vom Karst-Hang. In einer dieser Klüfte muß das Goldene Vlies versteckt gewesen sein, ehe Jason es mit Hilfe der Magierin Medea raubte.

»In der Höhle liegt's verwahrt,
Verteidigt von allen Greueln
Der List und der Gewalt.
Labyrinthische Gänge,

Sinnesverwirrend,
Abgründe, trügerisch bedeckt,
Dolche unterm Fußtritt,
Tod im Einhauch,
Mord in tausendfacher Gestalt,
Und das Vließ, am Baume hängt's,
Von der Schlange gehütet,
Die nicht schont,
Unnahbar«

Wer sagt, der Grillparzer selig wäre ein Reaktionär gewesen, ist ein Trottel, murmelt die alte Dame.

Ein enterischer Ort, was von »enten« kommt, von »drüben«.

Ein gefräßiger Ort, wenn man die Sarkophage betrachtet, die zwischen den nach unten gekrümmten Pinien und Sträuchern herumstehen. Hungrig, leer, lauernd; jeder hat seinen Insassen längst verdaut, würde einen weiteren vertragen.

Heute führt die Staatsstraße von Monfalcone nach Triest direkt in den Hain der Persephone. Direkt unter der Straße eine mäßig hohe Felswand, im Schatten üppigen Bewuchses. Efeu, Pappeln, Akanthus. Und das grüne Wasser, aus der Tiefe quellend. Schleusen regulieren den Lauf des Flusses, lenken den einen oder den anderen Arm einem kleinen Elektrizitätswerk zu. Der Strom aus dem Hades macht sich nützlich. Hat Rainer Maria Rilke, von dem die Dottoressa G. oft erzählte, an diesen Umstand gedacht, als er, wohl nach langen Spaziergängen in der Gegend, in seiner Zehnten Duineser Elegie schrieb:

> »Doch der Tote muß fort, und schweigend bringt ihn die ältere
> Klage bis an die Talschlucht, wo es schimmert im Mondschein:
> Die Quelle der Freude. In Ehrfurcht
> nennt sie sie, sagt: Bei den Menschen
> ist sie ein tragender Strom.«

Dann ist er wieder hinaufgegangen zum Schloß Duino und soll »Schweinsbraten und Knedel gefressen« haben. Und würde damit doch der Unterwelt im eigenen Körper, dem Magen, den Gedärmen ein Opfer dargebracht haben. Mehlspeistartarus, Backhendelfriedhof, Sarkophag. Gastronomie als Mysterium der Transformation? Fressen und Gefressenwerden?

> »Nur wer die Leier schon hob
> auch unter Schatten,
> darf das unendliche Lob
> ahnend erstatten.
>
> Nur wer mit Toten vom Mohn
> aß, von dem ihren,
> wird nicht den leisesten Ton
> wieder verlieren.«

sagte der göttliche Sänger Orpheus dem Dichter aus Böhmen ins Ohr. Orpheus, der gleich dreimal unter diesen Schatten seine Leier gehoben hat, einmal, als er mit den Argonauten landete, das zweite Mal, als er seine Eurydike aus dem Hades zu befreien suchte, das dritte Mal, nachdem die rasenden Mänaden seinen Leib zerfleischt und in einer wilden Kommunion mit der Poesie aufgegessen hatten, ist ein prominentes Beispiel für mystische Gastronomie. Ein prominenteres wird folgen: »Wer Mein Fleisch isset und Mein Blut trinket, der bleibt in mir und ich bleibe in ihm«, wird Er dann gesagt haben und »Ich bin der Weinstock, ihr seid die Reben«. Den Weinstock hat Dionysos auf seinem Schiff aus Asien nach Europa gebracht.

Odysseus aber stand an der blutgefüllten Grube und konnte sich kaum der Totengeister erwehren:

> »Dicht umdrängten sie alle von allen Seiten die Grube
> Mit graunvollem Geschrei, und bleiches Entsetzen ergriff mich.
> Nun befahl ich und trieb aufs äußerste meine Gefährten,
> Beide liegenden Schafe, vom grausamen Erze getötet,
> Abzuziehn und ins Feuer zu werfen und anzubeten
> Aides' schreckliche Macht und die strenge Persephonaia.«

Die Grube schätzt Lamm. Sie ist hungrig. Auf das Lamm Gottes hätte sie gar Heißhunger.

Der erste, dem Odysseus begegnet, ist der Gefährte Elpenor. Er war im Palast der Kirke geblieben, während Odysseus sich in den Golf von Triest rudern ließ.

> »Edler Laertiad', erfindungsreicher Odysseus,
> Ach, ein feindlicher Geist und der Weinrausch war mein Verderben!
> Schlummernd auf Kirkes Palast vergaß ich meiner Betäubung,
> Wieder die Stufen der langen Treppe zu steigen;
> Sondern ich stürzte mich grade vom Dache hinunter; der Nacken
> Brach aus seinem Gelenk und die Seele fuhr in die Tiefe.«

»Und jetzt haben wir ihn eben auch da bei uns«, meint die selige Dottoressa G. zu dem Weitgereisten, der an der Schwelle zum Hades hockt. Sie muß einmal direkt eine Schönheit gewesen sein: »Dem Achilles, dem brutalsten unter den Kriegern, der Hektors Leiche an seinen Kampfwagen gebunden und sie um das Heilige Troja geschleift hatte, ist an dieser Stelle der Übermut vergangen: Lieber würde er unter den Lebenden als Taglöhner schuften, als die »ganze Schar der vermoderten Toten beherrschen«, hat er uns einmal gestanden. Fein ist er nie gewesen. Da hilft ihm auch die Passion nicht, mit der ihn die Kaiserin Elisabeth posthum verehrte (auch eine der unseren): Leben will er. Essen und trinken. Im Sonnenlicht. Ich habe früher auch so gedacht, als mich Hades in sein Reich holte. Mit der Zeit habe ich begriffen, daß unser Haus ein sehr solides ist. Eine Plutokratie, aber solide. Zahlen muß ein jeder, der zu uns kommt. Aber um auf deinen Freund Achilles zurückzukommen. Er würde alles tun, alles saufen, alles hinunterschlingen, wenn er nur im Tageslicht wandeln dürfte. Bloß keine Calamari, die würde er im feinsten Lokal verschmähen. Weder fritti noch alla buzzarra und auch auf triestinische Art, mit Schinken und Käse im orchideenweißen Leib, würde er sie nicht anrühren. Er würde sich wie ein Muttermörder vorkommen, war doch seine Mutter Thetis eine Tintenfischgöttin, gerne bereit, sich aus Übermut in einen solchen zu verwandeln. Als Peleus das Mädchen beim Bad beobachtete, war er dermaßen gierig auf das junge Fleisch, daß er sich auf sie stürzte, um ihr Gewalt anzutun. Sofort nahm Thetis die Gestalt eines Tintenfisches an und suchte verzweifelt, sich dem Peleus zu entwinden. Sie besudelte ihn über und über mit glitschiger Tinte, allein Peleus überwand den Kraken und begattete ihn: Frucht der Notzucht war Achilles. Und das erträgt er nicht, daß da weiße Calamari angehäuft auf seinem Teller liegen, denn jedes der gegrillten Tiere erinnert ihn an die Mama.

Aber lassen wir Ihre antiken Freunde in Frieden ruhen. Sie werden früh genug mit ihnen zusammenkommen und dann haben Sie lang genug Zeit, sich mit uns über eure Schlächtereien vor Troja zu unterhalten. Verstecken Sie Ihr Schwert, Sie machen sich lächerlich. Die Kirke hat dich nicht umsonst in deine Zukunft gezaubert. Lade einmal ein paar von den inzwischen angekommenen Toten zu deinem Picknick ein. Aber warte ihnen nur ja keine Blutsuppe auf, da würde ihnen ganz schlecht werden. Hast du schon mit den Franzosen Konversation gemacht? Lauter erste Gesellschaft, alle in Triest gestrandet. Oder mit Casanova? Grillparzer, Stifter waren da, wart' ab, mein Mann und ich schicken Dir ein paar herauf.«

Haube mit Schlappohren, Lorbeerlaub hinter den Ohren, Hakennase. Dante, wie auf der Dante-Büste, die sich der Kaiser Maximilian in seine Bibliothek in Miramare hat stellen lassen. »Er hat uns schon vor seinem Ableben besucht, so wie du. Und er ist hier herunten und dann droben auf Duino draufgekommen, daß die Unterwelt ganz entschieden ihre gastronomischen Aspekte hat. Der Teufel selbst, so berichtete er wenigstens in der Divina Commedia, frißt; ohne Unterlaß, ewig, wie die Oberirdischen so sagen. Er hat drei Köpfe und mit jedem seiner drei Kiefer zermalmt er einen Bösewicht: Kain, Brutus und Judas Iskarioth. Immer frisch. Ein paar Scampi für den Vater der italienischen Sprache. Die erinnern ihn an seinen Kurzbesuch bei den Unteren.

Das Nichts gerinnt zum Gespenst: Eine schäbige Perücke, Rock und Kniehosen spiegeln. Gewaltige Stirn, Adlernase, muskulöser Rumpf, auch noch im Verfall. Ein Hüne. »De Seingalt«, stellt er sich vor, »Casanova«. Der Besucher schnippt mit dem Finger, läßt ihm Fusi mit braunen Venusmuscheln bringen, er leckt sich über die Lippen: »In einer solchen Pasta war die Feile versteckt, die mir meine Freunde in die Bleikammern geschmuggelt haben. Der Ausbruch war schon eines Helden und Edelmannes würdigt. Er hat mich sozusagen geadelt. Aber dann: 18 Jahre nicht in Venedig. Die Hölle. Man kann nicht außerhalb von Venedig leben. Zwei Jahre davon in Triest, jeden Tag habe ich übers Meer geschaut, verzeihen Sie, die Nudeln sind köstlich, ja, ich weiß, der Saft rinnt aus meinen Mundwinkeln und ich komme mit dem Abwischen nicht nach, fi donc, meine Hosen, nein zu köstlich, das Heimweh wurde immer größer, aber am Ende hat es gut ausgeschaut, sie würden mir meine Spielereien mit den beiden Novizinnen pardonnieren, ja und dann war ich wieder im Paradies. Triest? In Summe eine angenehme Erinnerung, da eine übergestandene Bürgerstochter, hier eine kleine Langustine von Zofe, nichts Weltbewegendes, aber der Venus muß geopfert werden: Diese Venusmuscheln zum Beispiel, ein heiliges Gericht.«

»Da muß ich im Namen der Tugend widersprechen«: eine Fistelstimme, aber scharf wie die Schneide eines Küchenmessers. Sie kommt zwischen den dünnen Lippen eines geradezu perfekten Totenschädels: »Die Existenz von lasterhaften Gestalten wie Sie eine sind, hat uns damals davon überzeugt, daß die Tugend nur mit dem blanken Eisen über ihre Feinde zu obsiegen vermag«. Die bucklige Greisin flüstert: »Er war zu Lebzeiten einer unserer verläßlichsten Lieferanten. Joseph Fouché, Minoritenpater, Revolutionär, Atheist, Terrorist, Polizeiminister Bonapartes, später, von Napoleon zum Herzog von Otranto gemacht, Polizeiminister des Königs Louis

XVIII., ins Exil geschickt, gestorben in Triest. Die ersten, die er uns geschickt hat, waren Wasserleichen. Aus Nantes, wo er herkommt. Dort hat er die Priester in der Loire ersäufen lassen. Und dann trafen die ein, welche ihren Kopf unter dem Arm trugen. Die Guillotine von Lyon hat sie so zugerichtet. Die zuletzt herunterkamen, waren von Kartätschenkugeln zerfleischt; als die Guillotine nicht rasch genug arbeitete, ließ Monsieur Fouché seine politischen Gegner mit Kanonen in die Rhone schießen. Im Alter ist er dann wieder fromm geworden, er kniete stundenlang in der Kirche Santa Maria Maggiore. Oder im Dom. Der ist dem Heiligen Justus von Beauvais geweiht, einem Märtyrer, dem sie unter Diokletian den Kopf abgeschlagen haben sollen. Denselben hat er elegant unter den Arm genommen. Seine Henker werden geschaut haben. Das erinnert den Herzog von Otranto an seine eigene Laufbahn. Zuweilen bringt er alles durcheinander und dann verfällt er wieder in die revolutionären Phrasen. Servieren sie ihm einen Apfelpudding mit Calva. Das erinnert ihn an Frankreich und beruhigt seine Nerven«.

Die beiden Herren haben sich verständigt, reden aufeinander ein, der eine zieht seinen Rosenkranz aus der Tasche, der andere tut es ihm nach. »Ave Maria, gratia plena …«

»Die einzige Entschuldigung des Lieben Gottes ist, daß er nicht existiert«, sagt der dickliche Herr mit den schweren Beinen, der ihnen nachschaut. »Wer ihn in seiner Jugend nicht gelesen hat, der wird nie begreifen, was Leidenschaft sein kann«, flüstert die Dottoressa G. und schaut mit einem Male gar nicht mehr fromm drein: »Ein radikales Mittel gegen jede Art von Dummheit ist er auch. Der Consul des Königs der Franzosen, Henry Beyle (= Stendhal), hat nur einen langen und eisigen Winter in Triest verbracht. Dann hat man ihm aus Wien mitgeteilt, daß Österreichs Staatskanzler Metternich ihm, dem Sympathisanten der Revolution und übel beleumundeten Gotteslästerer die Bestätigung verweigern würde. Als Henry Beyle in Triest ankam, hatte er gerade »Le Rouge et le Noir« vollendet. Er empfand Triest langweilig. Einen einzigen Salon, der diesen Namen verdiente, habe er dort vorgefunden und das Theater. Das gibt es heute noch. Eine kleine Affaire mit einer Dame vom Ballett vielleicht, die Bora, trübe Gedanken, Sehnsucht nach dem Süden. Und dann packte er wieder seine Koffer und begab sich auf seinen neuen Posten nach Civittavecchia. Die Behörden des Kirchenstaates waren den Umgang mit Atheisten gewohnt. Und jetzt ein Risotto Mare è Montagna für den Consul. Er hat sich solche Mühe gegeben, mit dem Nichts zu korrespondieren und jetzt sieht er die zwei Freigeister dort drüben den Rosenkranz beten ...«

»Die Rosen im Haar der heiligen Rosalia, die liegt in der Felsengrotte, ich muß hinuntersteigen, sie zu suchen«: Der zu soigniert und doch zu schlampig gekleidete Herr mit der hohen Stirn und mit dem resignierten Blick eines gequälten Tieres spricht mit sich selbst. »Gerard de Nerval, auch einer, der durch Triest gekommen ist und dann schon zu Lebzeiten über die Unterwelt Bescheid wußte. Wann er da war, läßt sich nicht sagen. Aber er beschreibt die Stadt als kalt und trübselig und wie er im Hafen das Schiff besteigt, das ihn in den Orient bringen wird. Dort, in Ägypten, im Libanon und in Konstantinopel ist er dann Mysterien auf die Spur gekommen, die ihn um den Verstand gebracht haben. Er hat sie in seiner »Voyage en Orient« niedergeschrieben und nicht geahnt, daß er unserem Herzmanovsky-Orlando einen perfekten Reiseführer hinterlassen hat. Im »Maskenspiel der Genien« fährt Cyriak von Pizzicolli dem jenseitssüchtigen Nerval nach. Schließlich hat der arme, aber doch sehr unvorsichtige Mystiker sich in einer kalten Winternacht des Jahres 1855 in Paris erhängt. Er hat sich nicht gewundert, als wir ihn zum Einstand, als er mit der Hanfschlinge um den Hals, bei uns angeklopft hat, im Industriegebiet von Muggia einquartiert haben. Die Essen des Vulkan, die Schmieden des Tubalkain, tief im Erdinneren hatte er schon in seinem Wahn besucht. Jetzt streunt er in der Nacht durch die Raffinerien und schaut zu den Rauchfängen hinauf, wo das Blut der Dinosaurier abgefackelt die Finsternis erhellt. Ein schönes Gigot für den halbverhungerten Gehängten, der sich selbst mit einer Tarot-Karte verwechselt«.

Wenn er nicht den Hofrat Grillparzer hätte, da schauen Sie, er hat sich schon in ihn eingehängt, er hätte es nicht leicht. Die beiden

Sie benahm sich wie eine sehr, sehr alte Katze. Denn sie war, vor allem anderen, Triestinerin.

In einer Schaluppe ward der unbekannte Held an Land gerudert: Zehn Stufen, die unteren fünf algenüberwuchert. Wo Jason gelandet ist und Orpheus und Odysseus und der windige, aber diplomatische Antenor. Und Achilles, der öde Terminator. Einen Zebrastreifen, damit die Heroen nicht von der nächsten Vespa zusammengeführt werden.

Herren haben sich zu Lebzeiten in Paris kennen gelernt: Nerval war mit Heinrich Heine befreundet, der Grillparzer ebenfalls. Hören Sie, was er ihm erzählt: »Die sonderbaren Kleidungen der Bocheser, Albaneser usw. die jenen Eindruck machen, den die Griechen mit dem Ausdruck barbarisch bezeichnen, stachen gegen den französischen und englischen Zuschnitt der Triestiner petits maitres und maitresses ab. Äußerst hübsch sind die Laden der Obstverkäufer, die sehr groß und so reich mit Äpfeln, Pomeranzen und getrockneten Früchten aller Art besetzt waren (andere Früchte hatte die frühe Jahreszeit noch nicht), daß sie wahrhaft Appetit erweckten. Ich ging auf den Molo. Mit den Schiffen ging es mir beinah wie mit dem Meere. Jedes einzelne war kleiner als meine Vorstellung davon gewesen war, aber alle zusammen, zu einem dichten Mastenwald vereinigt, erfreuten mich doch ungemein. Voran standen als Verteidiger und Führer der Herde ein paar Briggs mit Kanonen und Soldaten besetzt, hinterher wimmelte das unzählbare Volk der Pilieghi, Trabakoli, Barken usw., auf denen die Schiffsjungen ihr lustiges Wesen trieben und unter Singen und Schreien, wie Maulwürfe, aus dem Verdeck in die Kajüten und wieder zurück, durch enge Öffnungen schlüpften«.

»Ein Erdbeergelee in Wein und einen kurzen Espresso für den Hofrat, damit er sich nicht schon wieder über den »unbeschreiblich elenden Kaffee« aufregt, wie im Jahr 1819, als er die Dogana von

Opicina gerade passiert hatte. Andauernd wird er mit Sachen gefüttert, die er nicht verträgt. Das ist eine Manie vom Hofrat Grillparzer, die Verdauung. Und natürlich Österreich, immer wieder Österreich. Vielleicht verträgt er Österreich nicht:

»Das Vließ am heil'gen Baum,
der Drache hütet's, grimm,
Unverwundbar seine Schuppenhaut,
Alldurchdringend sein Eisenzahn,
Du besiegst icn nicht.«

Keiner hat den Tireisias mit den Verdauungsproblemen hören wollen, dafür haben sie ihn zum Hofrat gemacht.

Da schauen Sie, der Schulrat Stifter, unglaublich weiträumig sein Backhendlfriedhof, auch einer der durch Triest geschritten ist und damit ein anderer geworden ist. Es war 1857, die Familie, also die Frau Amalie und die adoptierte Tochter (die wird bald darauf in die Donau gehen), hat er mitgenommen. Zimmer mit Blick auf die Riva, heute Gedenktafel, gestiftet vom Lande Oberösterreich. Dem genius loci wollte er mit einem Drama über Odysseus und Nausikaa seine Reverenz erweisen. Er ist nicht mehr dazugekommen. Im Jenseits noch kurzatmig, wie Sie sehen, das kommt von den genossenen Fasanen und von den Prager Schinken und von den Hektolitern Wein. Am Ende hat er sich eine Leberzirrhose zusammengeschmaust und gesoffen. Als er die Schmerzen nicht mehr ertrug, hat er sich mit einem Rasiermesser die Gurgel durchgeschnitten, wie einem Fasan. Man ist, was man ißt. Dabei hat er noch in Hades Schatten andauernd Hunger. Eine Schlachtplatte vom Pepi für den Dichter des Nachsommers!

Ja, wer kommt denn da: eine der ganz wenigen intimeren Freundinnen, die ich habe. Sie wissen ja, Hunde sind populär, wegen ihrer Servilität. Aber Katzen? Wir im Hades benutzen die Hundsviecher als Wächter, wie den alten Zerberus und die heulenden Bronzewölfe dort oben am Felsen. Die Katzen hingegen, die wohnen bei uns, in den Bereichen, wo sie es am wärmsten haben. Und Leonor Fini mitten unter ihnen. Als sie noch in Paris wohnte, da sind ihre Katzen auf dem Tisch herumgestiefelt und haben sich von den Gästen den gerechten Anteil geholt. Hat nicht jedem gefallen. Den Katzen schon. Die Katzen haben freien Zugang zu Euch und zu uns. Sie sehen die Geister, die ihr nicht zu sehen imstande seid. Eine Pfanne frittierte Sardinen für die Malerin der Katzen, für die Adeptin der Isis und der Sechmet, damit die Katzenviecher auch etwas davon haben.

Nur nicht drängeln, alle kommen dran, Blut für alle ist da: Aber der schaut danach aus, als ob er gleich eines Schluckes bedürfte. So zerfetzt, daß wir ihn noch nicht haben reparieren können. Eine Granate im Karst. Davor hat Scipio Slataper ein Buch voller Karst und

Triest und Schiffs-Takelagen, mit Salzwasser getränkt und mit herzzerreißender Sentimentalität geschrieben: »Il mio Carso«, »Mein Karst«. Als Jüngling sei er, vom Karst herunter zum ersten Male nach Triest gekommen. In seinen ausgetretenen Schuhen, er sei zur Riva gelaufen und habe sich eine Handvoll Adria geschöpft und getrunken. »Mare nostro« und »Thalatta, Thalatta« habe er in Ekstase geschrien. Die Leute haben ihn für einen slowenischen Bauernsohn gehalten und sie hatten wohl nicht ganz unrecht. Er aber wollte Italiener sein und nichts anderes, obwohl er alles andere und dazu noch Italiener gewesen ist. Florenz und D'Annunzio und Nabucco und Il Trovatore und Rom und das Jahr 1915 und Italia Irredenta und die Meldung zur Armee des Vittorio Emmanuele III., dann die Granate. Wie in der Oper. Einen Mohnstrudel für den zerstückelten Mitteleuropäer, damit er einschläft und seine Leiden vergißt.

Einer, sagt die Dottoressa, und ihre Züge sind so streng geworden, wie die einer Toten, einer aber, der hier Heimatrecht besitzt, der weilt noch unter den sogenannten Lebenden. Zoran Music wohnt in Venedig und in Paris, aber er ist weder von unserer noch von der anderen Welt. Er ist durch die Hölle der Risiera di San Sabba gegangen und durch die Hölle von Dachau. Seither gibt es wenige, die seinen Blick ertragen. Und seine Bilder: »Wir sind nicht die letzten« nennt er die Hügel und Karstlandschaften, die aus nichts anderem bestehen, als aus ausgemergelten Leichen. Womit soll man ihn laben? Ein Becher Teran und Respekt vor dem trotz allem am Leben Gebliebenen.

Und jetzt fliehe, Odysseus. Du wirst den Toten beim Mahle noch lange genug zuschauen können, dereinst, wenn du einer der ihren bist und mit ihnen ißt. Laß uns für heute in Frieden. Wie bittet ihr dort oben doch in euren Totenmessen? »Dona eis requiem«. No also.

Mottenkugeln

Wie riechen die Laken, in denen sich Molly Bloom vor neunzig Jahren geräkelt hat? Wie riechen die geplätteten Spitzen an ihrer Bluse? Dahinter waren die Brüste verborgen, die einer der Liebhaber Mollys sich in seinen Fünfuhrtee melken wollte. Von der mütterlichen Erfahrung und von den Bananen und ihrer interessanten Anwendung im Intimbereich und von den Gärten der Alhambra träumt sie, nachdem Poldi, der irische Ulysses, von seinen Irrfahrten im Archipel Dublin heimgekehrt wäre in das ziegelrote Haus in der Eccles-Street. James Joyce, der das Wort Dublin als eine Umschreibung für das Wort Triest verwendet hat (so verhielt es sich, und nicht umgekehrt), schaut hinter dicken Brillengläsern über jeden Ladentisch. Triestiner Trödlerläden: Man findet sie überall, insbesondere aber hinter dem Rathaus, im ehemaligen Ghetto, sie sind die verruchtesten Peep-Shows in die sogenannte Vergangenheit. Daheim in Irland hätte er zu Saint Patrick's Loch pilgern müssen, um in die Unterwelt zu gelangen. In Triest hat er es bequemer. Woher wissen wir überhaupt so genau, daß die Vergangenheit vergangen ist?

Der Duft weht durch gestern, heute und morgen. Der Duft nach Petroleum und Pomeranzenöl, nach verfaulten Dinosauriern und Mittelmeer. Die weißen Kugeln, die alle irdischen Textilien vor dem Mottenfraße bewahrt haben. Sie riechen nach den Lüsten der Verstorbenen. Nach den Lüsten der Verstorbenen riechen die mit Gerümpel vollgerammelten Geschäfte. Nach getrocknetem Schweiß die vergilbten Spitzenhandschuhe, nach dem eingetrockneten Blut Gottes die in Weihrauch geselchten Paramente. Nach Todesschweiß zuletzt die feinen Bettbezüge, unter denen die Triestiner sich von Triest verabschiedet haben.

Die Spiegel, die hier aufgehängt sind, die Kristalle an den pompösen Kronleuchtern mit dem verrosteten Gestänge, haben wie jene, seit 1831 erhaltenen halbblinden Spiegel im Caffè Tommasseo die Leibesgestalt des James Joyce reflektiert. Und die des Italo Svevo und die der dummen lüsternen Greise und der gescheiten lüsternen Mädchen: Ein endloses Reizspiel mit dem Tod: Riesige Fächer aus Straußenfedern. Hinter dem Fächer die Epidermis einer Triestinerin, hinter der Epidermis ihr Fleisch, hinter dem Fleisch das Gebein. Jeder Fächerschlag zieht die Erscheinung schamloser aus. Hinter dem Gebein der Staub. Der überzieht wie Pulverschnee die Schellack- Platten, die Pfauenfedern, die Dante-Büsten, die Siebenarmigen Leuchter, die Schlafzimmer-Kästen, die Zylinder, die Kaiser-Bilder, die Bilder des Königs von Italien, die Waschtische, die Nachttöpfe, die ausgestopften Kanaris. Der Staub weht, tritt einer der seltenen Kunden in den Laden, heraus auf die Straße, setzt sich in den Nasen der Passanten fest, verändert ihre Wahrnehmung, bereitet sie selbst auf ihr eigenes Ableben vor.

Warum es den Iren James Joyce und seine auch auf vergilbten Fotos noch imperial schöne Gattin Nora Barnacle nach Triest zog? Wo sonst wäre er Odysseus begegnet und wo sonst hätte er einen Gefährten gefunden wie Italo Svevo, den Lackfabrikanten und Pathologen todgeweihter Lüste zwischen honorigen Herren und diversen herrlich geilen Hafenkatzen?

Jetzt aber geh'!

Die Dottoressa G. will in Ruhe gelassen werden: »Jetzt aber geh'. Am hohen Mittag fängt die Arbeit für den Kopf, für die Zunge, für den Verdauungstrakt an. Koste Triest, kaue es, zermantsche zwischen Zunge und Gaumen, entlasse deine Wahrnehmung von Triest zerkaut in den Schlund, die Grotta Gigante, die alles frißt. Gieße den Wein nach, der oben am Karst gekeltert worden ist. Dann den Espresso, hernach die Grappa. Gib deine Gliedmaßen den vier Winden preis, die übers Meer fahren, sei nachsichtig mit den Triestiner Gespenstern. Kehr um die Hand und du bist selber eines. Früher oder später landet ein jeder in Triest. Ich mache Siesta. Was ist Triest? SCHMECK'S!«

Mein Triest

Die Dottoresa G. war: Jüdin, Ungarin, Österreicherin, katholisch, skeptisch bis zum Skandal (ihre mörderisch sanfte Ironie entnervte die Bürger der Kleinstadt N. in Niederösterreich, wo sie zuletzt wohnte), und sie verstand sich als gehorsame Untertanin des verewigten Kaisers Karl. Sie trat in Gedanken, Worten und Werken für dessen Heiligsprechung ein aber sie las mit verruchter Inbrunst Voltaire und warb für die Lektüre des Candide. Sie empfahl mit mildem Nachdruck den Genuß von Wein für Halbwüchsige. Auf ihr Anraten trank ich (meine Eltern waren mit ihr befreundet) mit zehn Jahren (in Triest, wo sonst) von der Frucht des Weinstocks, wie sie zu Ostern fromm zu zitieren gewußt hätte. Sie benahm sich wie eine sehr, sehr alte Katze. Denn, sie war, vor allem anderen, Triestinerin. Ehe ich im Alter von zehn Jahren, es war 1958, Triest zum ersten Male betrat, hatte sie es mir vorgelebt. Sie hat mich für den Ernst des Lebens verdorben. Aber in Triest komme ich mir vor wie in ihrem dämmrigen Wohnzimmer. Die Jalousien sind herabgelassen. B. K. S.

Triestiner Trödlerläden: Man findet sie überall, insbesondere aber hinter dem Rathaus, im ehemaligen Ghetto, sie sind die verruchtesten Peep-Shows in die sogenannte Vergangenheit.

F.lli Distefano
TRIESTE
GROW

Warum es den Iren James Joyce nach Triest zog? Wo sonst wäre er Odysseus begegnet und wo sonst hätte er einen Gefährten gefunden wie Italo Svevo, den Lackfabrikanten und Pathologen todgeweihter Lüste zwischen honorigen Herren und diversen herrlich geilen Hafenkatzen?

Triest reizt mit dem Geruch der Katzenmarkierungen. Überall wohnen die Katzen, in der kaputten Altstadt hausen sie in den Ruinen, auf den aufgelassenen Baustellen.

Sei nachsichtig mit den Triestiner Gespenstern.
Kehr um die Hand und du bist selber eines.
Früher oder später landet ein jeder in Triest.

P
LIBRI USATI

Zu Tisch!

Eine Küche, die nach Meer schmeckt

Als ich das erste Mal von dem Lokal hörte, dachte ich: »Scabar – ein hübscher Name, leicht zu merken, klangvoll, fast wie ein Zauberwort, quasi der Schlüssel zu einer geheimnisvollen Welt, reich an Schätzen!«

Ja, und da war ich wieder im regnerischen Herbst 1996 beim Hügelansteigen, wobei ich den Regen verwünschte, der mir die Sicht auf das Panorama der Felder nahm, die ganz nah an die Stadt heranrücken. Ringsum ein anderes Triest, wie ich es nicht erwartet hatte, vegetationsreich, Weinberge, sogar Olivenbäume, die in die Vorstadt reichen. Kein mitteleuropäisches Triest, sondern ein zum Mittelmeer hingewandtes, genau wie das Lokal, das ich ansteuerte.

Innen wie außen schlicht und natürlich, nicht gekünstelt oder überspannt. Das Haus ist so geblieben wie vor 30 Jahren, als Vater und Mutter Scabar einzogen. Auch sie sind immer noch da, haben ein wachsames Auge auf die beiden Kinder und helfen ihnen, denn nun haben diese die Führung des Familienbetriebes übernommen. Giorgio im Speisesaal, er ist für die Weine verantwortlich und erledigt seine Aufgabe unprätentiös und mit persönlicher Note. Keine der üblichen fotokopierten Weinkarten, keine sinnlosen Investitionen, die sich nie amortisieren, sondern eine durchdachte und umsichtige Auswahl, die besonders kleine Produzenten der Umgebung berücksichtigt. Für die Speisen ist Ami zuständig.

Amis Küche lässt sich nicht etikettieren, weder als traditionelle noch als Regional- oder Kreativküche. Sie liebt das Meer und Fisch, wobei vor allem der einheimische dominiert.

Wie es sich für die Bewohnerin einer Hafenstadt gehört, ist Ami weitgereist; sie fährt gerne fort und liebt es, Neues auszuprobieren. So findet man Einflüsse Dalmatiens oder Saucenzubereitungen, die an die Provence und noch mehr an unsere sizilianischen Inseln erinnern. Es ist also, wie schon eingangs gesagt, eine Küche, die uns nicht das aufs europäische Festland ausgerichtete Triest mit seinen Fleischspeisen und gebundenen Saucen vor Augen führt, sondern die aufs Meer, die Sonne, unzählige Kräuter, Olivenöl, frisches Gemüse und Fisch abgestellt ist.

Ich will hier die Rezepte nicht einzeln besprechen. Es sind sieben Originalmenüs, die zum Nachkochen einladen. Sieben Menüvorschläge für sieben Abende – für eine traumhafte Woche der Gaumenfreuden!

Luigi Cremona

Meine Karriere am Herd

Seit meine Eltern vor 30 Jahren mit unserer Trattoria anfingen, kreisen meine Erinnerungen, und ich glaube auch die meines Bruders Giorgio, um Sonntage, Weihnachts- und Osterfeste, die wir nicht im engsten Familienkreis verbrachten, sondern in einer Art »Großfamilie«, in deren fröhliche Runde auch die Gäste vom Scabar einbezogen wurden. Aber meine Jungmädchenträume waren nicht auf den Gastbetrieb fixiert, denn ich wollte einen Beruf ergreifen, der mir die Welt zeigen sollte.

Zum richtigen Kochen kam ich erst später, als ich mich, da ich nicht mehr zu Hause lebte, auch nicht an den gedeckten Tisch setzen konnte und deshalb selbst kochen mußte. Damals entdeckte ich, daß mir zu kochen Spaß machte. So hat meine Karriere am Herd begonnen: Erst las ich Kochbücher, dann Fachliteratur über die diversen Nahrungsmittel, über Kochmethoden und Ernährungswissenschaft, schließlich besuchte ich einschlägige Kurse.

Meine nicht immer einfache Beziehung zum Essen brachte mich dahin, daß ich eine gesunde Küche bevorzuge. Wenn ich Zeit dazu finde, führt mich die Reiselust in ferne Länder, wo ich auch gerne exotische Speisen ausprobiere.

Neugier und Engagement sind zwei Zutaten, die meiner Küche hoffentlich nie ausgehen werden! Guten Appetit!

Ami

Trattoria Scabar, Erta S. Anna 63, I-34121 Trieste, Tel.: 040-810368

Vorbemerkung

Eine leicht verdauliche Speise ist eine, die noch einen Gutteil an Nährstoffen enthält. Drei Faktoren, die diese während des Garvorgangs zerstören, sind intensive Hitze, extreme Trockenheit und eine überlange Kochzeit. Methoden, die einen Teil der Nährstoffe in der Nahrung erhalten, sind das Dampfkochen, das Garen in der Folie, im Salzmantel oder auch das traditionelle Frittieren, wenn es bei hohen Temperaturen und rasch erfolgt. So können die lebenswichtigen Säfte nicht verdampfen. Ist Frittiertes knusprig, dann ist die Innenstruktur intakt und die Speise gut verdaulich. Gleiches gilt für das Garen im Salzmantel oder in der Folie, da die eingeschlossene Feuchtigkeit eine viel kürzere Garzeit bei hohen Temperaturen möglich macht.

Manchmal meint man, eine nur kurz gegarte Speise oder eine wenig gewürzte sei geschmacklos. Dabei reichen einige Kniffe, um sie wohlschmeckend zu machen. So lassen sich viele Gerichte durch Marinaden und Beizen bereichern (und man verhindert, daß sie durch zuviel Fettbeigabe schwer verdaulich werden).

Alle Menüs sind rund um eine Hauptzutat entwickelt und bestehen im allgemeinen aus Vorspeise, erstem Gang, Hauptspeise und Dessert. Manchmal wurden keine Beilagen angegeben, da sie zumeist ein schöner Salat ersetzen kann. Alle Mengenangaben sind für sechs Personen berechnet.

Marinaden und Beizen

Die gekonnte Mischung verschiedener würziger Zutaten und Aromen kann jede Art von Fisch, Fleisch oder Gemüse in eine Spezialität verwandeln. Die erste Aufgabe der Marinaden ist das Aromatisieren des Kochgutes, aber sie können auch zum Konservieren der eingelegten Nahrungsmittel dienen, und sie machen die Fasern mancher Fleischsorten mürber.

Das Kochgut wird entweder einige Stunden bei Zimmertemperatur eingelegt oder aber 24 bis 48 Stunden in der Marinade im Kühlschrank aufbewahrt. Marinaden und Beizen können das Nahrungsmittel so mürbe machen, daß man es ohne Kochvorgang genießen kann. Die flüssige Marinade oder Beize kann auch zum Einpinseln während des Garvorgangs oder zur Saucenzubereitung genützt werden. Dafür wird die Marinade entweder mit etwas heißem Wasser versetzt oder durchgeseiht verwendet.

Die Marinaden können auch trocken sein, und zwar eine Mischung aus getrockneten Kräutern und Gewürzen, denen man Salz, Pfeffer und Zucker beifügt. Man reibt die Oberfläche von Fisch oder Fleisch kräftig ein oder streut sie über das Gemüse. Fügt man die Schale und den Saft von Zitrusfrüchten, Knoblauch und Öl bei, erhält man eine weiche Paste. Mit ihr bestreicht man das Kochgut, so daß sich beim Zubereiten eine würzige, knusprige Kruste bilden kann.

Marinade oder Beize für roh zu essenden Fisch (1)

Sardellen: *Rotweinessig, Zitronensaft, Lorbeer, Salz*
Lachs: *Honigessig, Orangensaft, Estragon, Zucker, Salz*
Makrele: *Rotwein, Saft und geriebene Schale einer Zitrone, Majoran, Salz, Zucker*

In diesen Marinaden, die den Fisch völlig bedecken sollten, muß er 4 bis 24 Stunden ruhen.

Marinade für Fisch, der gegart wird (2)

Krebse: *Für 1 kg Krustentiere benötigt man 90 ml Olivenöl, 1 Päckchen Safran, die geriebene Schale 1 Zitrone, 3 TL Honig, 1 TL gehackter grüner Pfeffer, 6 TL weißer Wermut, 1 TL Salz*
Jakobsmuscheln: *Für 12 Jakobsmuscheln braucht man 90 ml Sauerrahm (oder Apfelmost oder Weißwein), 1 TL Safran, 1 TL Ingwer, 1 TL Honig, 1 TL Salz, 1 TL gemahlener schwarzer Pfeffer, 2 TL frisches, gehacktes Dillkraut*

Marinade für bereits gegarten Fisch (3)

Meeresheuschrecken: *Für 1 kg Krustentiere benötigt man 90 ml Olivenöl, 1 Päckchen Safran, 3 zerdrückte Knoblauchzehen, Saft von 2 Zitronen, Salz und Pfeffer*

Tintenfisch: *Für 1 kg verwendet man 90 ml Olivenöl, 3 TL Balsamico-Essig, 1 TL gehackten Rosmarin, 1 Knoblauchzehe, 1 TL Oregano, Salz und Pfeffer*

Einkaufsliste

2,2 kg Sardellen
4 in Salz eingelegte Sardellen
300 g Rucola
2 Zwiebeln
2 reife Paradeiser
1 Knoblauchknolle
8 Zitronen
4 Erdäpfeln
1 Bund Petersilie
Rosmarin, Lorbeer, Majoran
½ kg Gramigna-Teigwaren
50 g geriebener Schafkäse
1 Glas in Salz eingelegte Kapern
50 g Semmelbrösel
250 g Mehl
250 g Zucker
5 Eier
¾ l Milch
200 g Butter
200 g Staubzucker
Essig
Weißwein, Pernod
kaltgepresstes Olivenöl (extra vergine)
Salz und Pfeffer

Menü von »pesce azzuro«

Marinierte Sardellen
Sardellen mit Olivenöl, Kapern und Zitrone
Gramigna (kurze Teigwaren) mit Sardellen
Sardellenlocken auf Raukepüree
Zitronenroulade

Die in Italien gemeinhin »pesce azzuro« (blauer Fisch) genannten Fischarten verdanken ihren Namen der bläulichen Körperfarbe und der Blaufärbung der Küstengewässer, wo sie nahe der Meeresoberfläche ihren Lebensraum haben (Anmerkung: Sardelle, Sardine, Makrele, Hering, Makrelenthunfisch und Thunfisch). Es gibt viele gute Gründe, sie auf den Tisch zu bringen: sie sind praktisch rund ums Jahr erhältlich, Proteinmenge und Nährwert entsprechen ungefähr denen von Fleisch. Zusätzlich verfügt Fisch aber im Unterschied zum Fleisch über gesündere, mehrfach ungesättigte Fettsäuren.

Marinierte Sardellen

Zutaten: *500 g frische Sardellen, Essig und Wein im Verhältnis 3:1, ausreichend, um den Fisch ganz zu bedecken, Rosmarin, Lorbeer, Knoblauch, Olivenöl, Salz*

Sardellen putzen, öffnen wie ein aufgeklapptes Buch, Kopf und Gräten entfernen, 4–5 Stunden in die flüssige Marinade (1) legen, die sie ganz bedecken sollte.

Anschließend die Sardellen abtropfen lassen, abtrocknen und mit dem Olivenöl anmachen, das zuvor mit den übrigen Gewürzen leicht erwärmt wurde. Nach ungefähr einer halben Stunde sind die Sardellen servierbereit.

Gramigna mit Sardellen

Zutaten: *500 g Gramigna (kurze Teigwaren), 300 g frische Sardellen, 2 in Salz eingelegte Sardellen, 3 Knoblauchzehen, 1 Zwiebel, 2 frische, rote Paradeiser, in Salz eingelegte Kapern, Majoran, Lorbeer, Salz, Pfeffer und Olivenöl*

In Salz eingelegte Sardellen waschen und entgräten; mit der gehackten Zwiebel in Olivenöl anbraten. Wenn die Zwiebel glasig ist, die abgetropften Kapern und die in kleine Würfel geschnittenen Paradeiser, die zerdrückten Knoblauchzehen, die Kräuter und zuletzt die geputzten, frischen Sardellenfilets dazugeben. Alles 15 Minuten köcheln lassen und anschließend mit den gekochten, abgegossenen Nudeln vermischen.

Sardellen mit Olivenöl, Kapern und Zitrone

Zutaten: *700 g frische Sardellen, 2 EL in Salz eingelegte Kapern, 3 Zitronen, Lorbeer, Olivenöl, Salz und Pfeffer*

Sardellen putzen, in Buchform aufklappen. Mit Salz, Pfeffer, Olivenöl würzen und abwechselnd mit den gewaschenen und in dünne Scheiben geschnittenen Zitronen in eine Pfanne schichten. 10 Minuten braten und heiß servieren.

Sardellenlocken auf Rucolapüree

Zutaten für die Locken: *700 g frische Sardellen, 2 in Salz eingelegte Sardellen, 1 Knoblauchzehe, 1 Bund Petersilie, 50 g Semmelbrösel, 50 g geriebener Schafkäse, 1 Zitrone, Lorbeerblatt, Weißwein, Olivenöl, Salz und Pfeffer*
für das Püree: *4 Erdäpfel, 300 g Rucola, 1 Zwiebel, 1 EL Pernod, Olivenöl, Salz*

Die in Salz eingelegten Sardellen waschen, entgräten, mit dem abgezogenen Knoblauch und der Petersilie fein hacken. Die Masse mit den Bröseln, dem geriebenen Schafkäse, 2 EL Olivenöl, dem Saft einer Zitrone, Salz und Pfeffer vermischen. Die frischen Sardellen putzen, in Buchform aufklappen – darauf achten, daß die Hälften nicht getrennt werden, da sie mit der vorher zubereiteten Masse gefüllt, eingerollt und mit einem Zahnstocher verschlossen werden sollen. Eine Backform mit Olivenöl ausstreichen, die Röllchen hineinlegen, die durch jeweils 1 Lorbeerblatt voneinander getrennt werden. Alles bei 200 Grad ca. 10 bis 15 Minuten im Rohr backen.

Für das Püree den Rucola 3 Minuten blanchieren. Abgießen, pürieren und mit den gekochten, zerdrückten Erdäpfeln vermischen. Feingehackte Zwiebel in Olivenöl glasig werden lassen und mit einem Schuß Pernod zum Püree geben. Heiß servieren.

Zitronenroulade

Zutaten für das Biskuit: *50 g Mehl, 50 g Zucker, 5 Eier, Salz*
Für die Creme: *¾ l Milch, 6 EL Mehl, 200 g Butter, 200 g Zucker, 200 g Staubzucker, 4 Zitronen*

Für das Biskuit Eiklar mit einer Prise Salz zu steifem Schnee schlagen, Zucker und Dotter dazugeben, zuletzt das Mehl unterheben. Teigmasse ca. 1 cm hoch auf ein mit einem gebutterten Backpapier ausgelegtes Blech streichen. Im vorgeheizten Rohr bei 180 Grad rund 10 Minuten backen.

Für die Creme Milch mit Zucker und Mehl aufkochen, darauf achten, daß sich keine Klümpchen bilden. Wenn die Creme erkaltet ist, mit dem Schneebesen die geriebene Zitronenschale, den Staubzucker, den ausgepreßten Saft der 4 Zitronen und die weiche Butter einrühren.

Die Schale von 1 Zitrone und 1 Lorbeerblatt einige Minuten in wenig Wasser kochen lassen und damit das Biskuit tränken, ehe man die Creme aufstreicht. Mit Hilfe des Backpapiers, das man langsam abzieht, die Roulade aufrollen und sie vor dem Servieren zugedeckt 2–3 Stunden in den Kühlschrank stellen.

Einkaufsliste

3 kg Tintenfische (Kalamare)
1 kg Sepien
2 kg Braune Venusmuscheln (Fasolari)
1 ½ kg Erdäpfel
1 kg Kohl (Wirsing)
3 Zwiebeln
9 Stück Trevisaner Radicchio
2 Zitronen
3 Äpfel
1 Knoblauchknolle
Petersilie
Thymian, wilder Fenchel
In Salz eingelegte Kapern
½ kg Fusi (Teigwaren)
2 Eier
1 Päckchen Backpulver
1 Säckchen Safran
Olivenöl kaltgepresst (extra vergine)
Salz und Pfeffer
100 g Butter
Balsamico-Essig
Weißwein, Cognac
Mehl
Grieß
Semmelbrösel
Nüsse
Milch
Zucker

Menü von Weich- und Schalentieren

Gregada
Pofrih
Fusi (Teigwaren) mit einem Ragout von Braunen Venusmuscheln
Tintenfische mit Radicchiofülle
Trevisaner Radicchio süßsauer
»Mamma Neri«-Koch

Die Mollusken kann man in zwei Gruppen einteilen: wirbellose, deren weiche Körper von einer inneren Schale aus Chitin gestützt werden (Sepia, Tintenfisch, …) und Schalentiere, die zwischen zwei Schalen, die ein elastisches Schlossband hält, leben (Braune Venus-, Mies-, Venusmuschel). Muscheln kauft man vorzugsweise lebend und kocht sie so bald wie möglich, während man Tintenfische etwas länger lagern kann, damit sie weicher werden.

Gregada

Zutaten: *1 kg Kalamare, 1 kg Erdäpfel, ¼ l Weißwein, ½ Glas Olivenöl, Saft von 2 Zitronen, Salz, Pfeffer, Knoblauch, Petersilie*

Erdäpfel ca. 20 Minuten in Salzwasser nicht ganz weich kochen, in stärkere Scheiben schneiden. Tintenfisch putzen und aufschneiden. In eine feuerfeste Form abwechselnd Erdäpfel und Tintenfische einschichten, jede Lage mit Salz, Pfeffer, Knoblauch und gehackter Petersilie würzen. Öl, Wein und Zitronensaft vermischen und in die Form gießen, danach für etwa 1 Stunde bei 180 Grad im Rohr backen.

Pofrih

Zutaten: *1 kg Sepien, 1 kg Kohl, 1 Zwiebel, Knoblauch, Olivenöl, Salz, Pfeffer, wilder Fenchel*

Den Kohl in stark gesalzenem Wasser 5 Minuten blanchieren, dann abgießen. In einem großen Kochtopf die gehackte Zwiebel und den Knoblauch in Öl anschwitzen, die grob gehackten Köpfe und Fangarme der Sepien und würfelig geschnittene Erdäpfel zufügen. Nach 15 Minuten die nudelig geschnittenen Sepien in den Fond geben und nach weiteren 15 Minuten den abgetropften, gehackten Kohl beifügen. Noch eine weitere Viertelstunde köcheln lassen und vor dem Servieren mit wildem Fenchelgrün bestreuen.

Dies ist ein typisches Gericht der Insel Lussino (Lošinj), das man als Eintopf, oder wenn man Brühe dazugibt, als dicke Suppe, vor allem während der Wintermonate zu Tisch bringt.

Fusi mit Braunen Venusmuscheln

Zutaten: *500 g Teigwaren (Fusi), 2 kg Braune Venusmuscheln (Fasolari), 1 Päckchen Safran, 20 g Butter, 2 Knoblauchzehen, Toastbrotbrösel, Fenchel, Cognac, gehackte Petersilie, Salz und Pfeffer nach Bedarf*

Die Braunen Venusmuscheln in wenig ungesalzenem Wasser kochen. Sobald sie sich geöffnet haben und gar sind, aus den Schalen lösen und grob hacken. In einer großen Pfanne bei schwacher Hitze den mit der Butter zerdrückten Knoblauch goldgelb rösten, Safran, Petersilie, Cognac, die gehackten Muscheln und ihr Kochwasser beifügen. Die gekochte Pasta zum Sugo in die Pfanne geben und gut vermischen. Zum Servieren geröstete, mit Fenchelgrün gemischte Toastbrotbrösel darüberstreuen.

Tintenfische mit Radicchiofülle

Zutaten: *16 Tintenfische, 3 Stück Radicchio, 2 Zwiebeln, 1 EL in Salz eingelegte Kapern, Olivenöl, Semmelbrösel, Cognac, Salz und Pfeffer*

Die Kapern gut abspülen und mit den gehackten Tintenfischköpfen und dem fein geschnittenen Radicchio ins leicht erwärmte Öl geben. Nach 15 Minuten mit Cognac ablöschen und kurz vor Beendigung des Schmurgelvorgangs zum Eindicken Bröseln beifügen. Auskühlen lassen. Mittels einer Spritztüte die Tintenfische füllen, mit einem Zahnstocher gut verschließen. Die Zwiebeln pürieren, mit Olivenöl vermischen und diese Creme auf den Boden einer Pfanne geben, darauf die Tintenfische einschichten, mit etwas Cognac beträufeln. Ca. 20 Minuten zugedeckt dünsten.

Trevisaner Radicchio süßsauer

Zutaten: *6 Köpfe Radicchio, 2 EL Balsamico-Essig, 3 EL Zucker, Olivenöl, Salz, Pfeffer*

Radicchio waschen und den festen Strunk ausschneiden, dann ungefähr 3 Minuten in Salzwasser blanchieren. Zucker in einer Pfanne karamellisieren, mit Balsamico-Essig ablöschen, den gut abgetropften Radicchio dazugeben, ebenso Öl, Salz und Pfeffer. Heiß servieren.

»Mamma Neri«-Koch

Zutaten: *2 Eier, 1½ Tassen geriebener Apfel, 1 Tasse Grieß, 1 Tasse Zucker, 1 Tasse gemahlene Nüsse, 1 Tasse Milch, 1 Päckchen Backpulver, Salz*

Eier mit dem Zucker schaumig aufschlagen, nach und nach Milch, Nüsse, zuletzt die geriebenen Äpfel und den mit Backpulver vermischten Grieß beigeben. Die Masse bei 180 Grad ca. 45 Minuten in einer gut ausgebutterten Form backen.

Nach Wunsch kann eine heiße Schokoladen- oder Weinschaumsauce dazu gereicht werden.

Einkaufsliste

2 kg diverse Gemüsesorten
1 Apfel
300 g Erdäpfel
1 Zwiebel
1 kg Zucchini
3 Zitronen
2 Orangen
Salbei, Minze, Rosmarin
Thymian, Bohnenkraut, Estragon
½ frische Krenwurzel
1 ½ kg Mehl
250 g Butter
8 Eier
1 l Öl zum Frittieren
15 g Germ (Hefe)
550 g Schotten (ricotta)
250 g geräucherter Lachs
420 g Carpaccio von frischem Lachs
Honigessig
Zucker
Milch
Semmelbrösel
Olivenöl kaltgepresst (extra vergine)
Salz und Pfeffer

Gewürzkräuter-Menü

Frittierte Köstlichkeiten mit Kren
Gefüllte Teigtascherln (panzerotti) mit Bohnenkraut
Zucchiniröllchen mit Kräutern
Gekochter Strudel mit Estragon

Kräuter werden in der Küche als Gewürz zum Aromatisieren und Parfümieren oder zum Abschmecken von Speisen eingesetzt. Ihre Geschmacks- und Duftnoten stammen von den ätherischen Ölen, die sich leicht verflüchtigen und durch den Einfluß von Licht und Wärme sowie durch Erhitzen beim Kochvorgang verändern werden. Sie entfalten schon in geringer Konzentration ihren Eigenduft und -geschmack und besitzen eine verdauungsfördernde und antiseptische Wirkung. Um diese Eigenschaften möglichst unverändert zu erhalten, ist es ratsam, sie erst relativ spät beim Garen einzusetzen. Man bewahrt sie am besten trocken und kühl auf und, falls sie getrocknet sind, in lichtgeschützten Behältern.

Frittierte Köstlichkeiten mit Kren

Zutaten: *2 kg Mischgemüse nach Belieben (Melanzani, Zucchini, Paprika, Spargel, Karfiol, Zwiebel, Fenchel, Sellerie, Artischokenherzen u. ä.), in kleine Stücke geschnitten, Salbei- und Minzblätter, Rosmarinzweige, ein in kleine Stücke geschnittener Apfel*
Für den Backteig: *400 g weißes Mehl, 1 EL Olivenöl, ½ frisch gerissene Krenwurz, Saft einer Zitrone, ¼ l Bier, 2 Eier, 1 KL Zucker, Salz nach Belieben*

Für den Backteig alle Zutaten gut verrühren, darauf achten, daß sich keine Klümpchen bilden, 2 Stunden rasten lassen.

Anschließend ein zum Frittieren geeignetes Gefäß mit reichlich Olivenöl füllen, das man auf 200 Grad erhitzt; darin das durch den Backteig gezogene Frittiergut knusprig herausbacken.

Teigtascherln (panzerotti) mit Bohnenkraut

Zutaten: Für den Teig: *300 g Mehl, 3 Eier, 1 EL Weißwein*
Für die Fülle: *300 g Erdäpfel, 1 Zwiebel, 1 Ei, 2 EL Bohnenkraut, Olivenöl, Salz und Pfeffer, Butter und Brösel zum Abschmalzen*

Für den Teig das Mehl mit den zwei Eiern und dem Wein gut vermengen und 20 Minuten unter einem Geschirrtuch ruhen lassen. In einer Kasserolle die gehackte Zwiebel anrösten, die gekochten passierten Erdäpfel beigeben, das gehackte Bohnenkraut und das ganze Ei einarbeiten.

Auf einem gut bemehlten Brett den Teig dünn ausrollen, runde Scheiben von 8 cm Durchmesser ausstechen, mit der Fülle belegen, Teig darüber klappen, die Ränder gut andrücken und mit verquirltem Ei bestreichen. Die Teigtascherln in kochendes Salzwasser einlegen und ziehen lassen, bis sie an die Oberfläche kommen. In einer weiten Pfanne mit vorher zubereiteten Butterbröseln abschmalzen.

Zucchiniröllchen mit Kräutern

Zutaten: *1 kg Zucchini, 250 g Schotten (ricotta), 250 g geräucherter Lachs, Saft einer halben Zitrone, 420 g Carpaccio von frischem Lachs, Minze, Thymian, Bohnenkraut, Mehl, Olivenöl, Salz und Pfeffer*

Die Zucchini der Länge nach in Streifen schneiden, salzen, Wasser ziehen lassen (ca. 20 Minuten), abtrocknen, bemehlen und im stark erhitzten Öl frittieren. Den geräucherten Lachs hacken, mit Schotten, feingehackten Kräutern und Zitronensaft mischen und die Masse auf die Zucchinistreifen streichen, die man einrollt und mit einem Zahnstocher zusammenhält. Auf eine Servierplatte das Lachscarpaccio anrichten, das wie auf Seite 151 beschrieben, gebeizt wurde, darauf die Zucchiniröllchen arrangieren.

Gekochter Strudel mit Estragon

Zutaten: Für den Teig: *500 g Mehl, 15 g frische Germ, 2 EL Milch, 1 Ei, 30 g Butter, ½ EL Zucker, 1 Prise Salz*
Für die Fülle: *300 g Schotten (ricotta), 100 g Zucker, 2 EL gehackter Estragon, 1 Ei*

Germ in der lauwarmen Milch auflösen, Salz dazugeben. In einer kleinen Pfanne die Butter zerlassen. Alle Zutaten gut abkneten, bis man einen elastischen Teig erhält, den man mit einem Geschirrtuch zugedeckt 30 Minuten ruhen läßt. Die Zutaten für die Fülle abtreiben und auf den dünn ausgezogenen Strudelteig streichen. Mit Hilfe eines Geschirrtuchs zum Strudel einrollen, an den Enden gut verschließen und ca. 20 Minuten in leicht kochendem Wasser ziehen lassen. Aufschneiden und mit Butterbröseln servieren.

Einkaufsliste

2 Zackenbarsche, jeweils ca. 1 kg
3 Melanzani
1 kg Paradeiser
450 g frische Papardelle (Bandnudeln)
1 Zitrone
5 Knoblauchzehen
4 mittelgroße Zwiebeln
5 Oliven
in Salz eingelegte Kapern
1 Lorbeerblatt
2 Gewürznelken
Olivenöl
½ l Wein aus Erdbeertrauben (Fragolino)
2 EL Kartoffelstärke (oder Maizena)
3 Blatt Gelatine
200 g frische Erdbeeren
1 Prise Zimt
Petersilie

Zackenbarsch-Menü

Melanzani-Barsch-Rolle
Papardelle mit Barschsugo
Zackenbarsch in würzigem Sud
Erdbeergelee in Erdbeertraubenwein (Fragolino)

Bis auf den Nachtisch hat dieses besondere Menü als Hauptzutat das Fleisch des Zackenbarsches, eines Fisches, der zur Familie der Serranidae zählt und in der Tiefwasserzone des Mittelmeeres vorkommt.

Das Fischfleisch ist weiß, fest, hat einen feinen Geschmack und eignet sich für viele Garmethoden.

Man kann auch andere Fische zur Zubereitung dieses Menüs verwenden – z. B. Gold- und Zahnbrassen oder den Drachenkopf.

Melanzani-Barsch-Rolle

Zutaten: *2 Melanzani, ca. ½ kg Zackenbarsch, 1 Zwiebel, 2 Paradeiser, 1 Knoblauchzehe, ½ Zitrone, Petersilie, Öl, Salz und Pfeffer*

Den Fisch im Rohr dampfgaren, danach entgräten. Für dieses Gericht benötigt man allerdings nur ungefähr die Hälfte des Fischfleisches. Die Melanzani in nicht zu dünne Scheiben schneiden und salzen, eine Stunde Wasser ziehen lassen. Abtrocknen und schnell in heißem Öl frittieren. Die Fülle aus dem vorbereiteten Fischfleisch zubereiten, indem man es mit Salz, Pfeffer, feingehacktem Knoblauch, Petersilie und dem Saft einer halben Zitrone zu einer Farce verarbeitet. Die damit gefüllten Melanzanischeiben ca. 10 Minuten im Rohr backen und mit einer Garnitur aus Paradeisscheiben und Petersilie servieren.

Papardelle (Bandnudeln) mit Barschsugo

Zutaten: *450 g Bandnudeln, ca ½ kg Zackenbarsch (schon vorgegart, ausgelöst und entgrätet), drei Zwiebeln, 3 Paradeiser, 1 EL in Salz eingelegte Kapern, 2 Knoblauchzehen, 5 große schwarze Oliven, Olivenöl*

Das Rohr auf ca. 200 Grad vorheizen und 3 Zwiebeln samt der Schale 20 Minuten lang backen. Inzwischen die Kapern gut abspülen, die Oliven entkernen, die Paradeiser häuten, den Knoblauch schälen. Alle genannten Zutaten und die gegarten, geschälten Zwiebel mit etwas Öl im Mixer pürieren.

Die Pasta kochen und inzwischen den pürierten Sugo am Herd in einem kleinen Topf eindicken lassen, wobei er aber nie kochen sollte. Den Fisch dazugeben. Die abgegossenen Nudeln mit dem Sugo gut vermischen und servieren.

Zackenbarsch in würzigem Sud

Zutaten: *1 Zackenbarsch, 5–6 Paradeiser, 1 Zwiebel, ½ Zitrone, 6–7 Kapern, 1 Knoblauchzehe, einige Oliven, 1 Gewürznelke, 1 Lorbeerblatt, Olivenöl, Salz*

Fischfond durch Auskochen von Fischköpfen und -gräten bereiten; in einem großen, flachen Topf 1 l Wasser mit einigen EL Olivenöl, in Stücke geschnittene Paradeiser und Zwiebel, dem Saft einer halben Zitrone, Kapern und Gewürzen aufkochen. Fischfond beigeben und ca. 5 Minuten köcheln lassen, dann den Zackenbarsch einlegen und 20 Minuten, eventuell unter Beigabe von Weißwein und zusätzlichem Fischfond, ziehen lassen (pochieren). Man trägt den Fisch im stark eingedickten, würzigen Sud auf.

Erdbeergelee in Erdbeertraubenwein (Fragolino)

Zutaten: *½ l Wein aus Erdbeertrauben/Fragolino (Anm.: amerikanische Traube), 200 g frische Erdbeeren, 180 g Zucker, 2 EL Kartoffelstärke (oder Maizena), 3 Blatt Gelatine, 1 Gewürznelke, 1 Prise Zimt, Salz*

Die Gelatine etwa 10 Minuten in kaltem Wasser einweichen. Erdbeeren waschen und in Stücke schneiden. Wein mit Zucker, den Gewürzen und der Prise Salz aufkochen. Sobald der Wein zu sieden beginnt, vom Feuer ziehen und das in wenig kaltem Wasser aufgelöste Stärkemehl sowie die ausgedrückte Gelatine beifügen. Alles vorsichtig verrühren und in kleine Förmchen füllen, die etwa 6 Stunden im Kühlschrank bleiben sollten, bevor man sie stürzt.

Einkaufsliste

2 Krenwurzeln
1 kg Golden-Delicious-Äpfel
1 kg Reinette-Äpfel
3 Zwiebeln
1 Zitrone
2 Orangen
1 Karotte
1 kg Erdäpfel
1 Bund Schnittlauch
1 Knoblauchknolle
Stangensellerie, Rosmarin, Lorbeer
800 g Rindercarpaccio
100 g Ochsenmark
10 Eier
400 g Reis
4 EL Mehl
1 Becher Naturjoghurt
250 g Butter
3 Blatt Gelatine
Apfelessig
Zimt
200 g Zucker
500 g Gruyerekäse
6 frische Würste (salsiccie)
150 ml Obers
Bier
Calvados, Cognac
Olivenöl kaltgepreßt (extra vergine)
Salz und Pfeffer

Kren-Menü

Rindfleisch-Carpaccio mit Eier-Kren-Sauce
Risotto mit Ochsenmark, Kren und Apfel
Zwiebelfondue mit Kren
Apfelpudding mit Calvados

Der Kren (Meerrettich), in Friaul-Julisch Venetien »cren« genannt (ital. Rafano), ist ein Gewächs aus der Familie der Kreuzblütler, das seinen Ursprung in Südosteuropa hat, wo er wild wächst und zunächst von den Slawen angebaut wurde. In der Küche verwendet man die weiße Wurzel, die durchdringend scharf-süßlich schmeckt und riecht. Da sie reich an Vitamin C ist, setzten schon die englischen Seeleute den Kren häufig zur Bekämpfung der Vitaminmangelkrankheit Skorbut in ihren Speisen ein.

Rindfleisch-Carpaccio mit Eier-Kren-Sauce

Zutaten: *800 g Rindercarpacchio, ½ Krenwurz, 4 Eier, 2 EL Joghurt, Olivenöl, Apfelessig, Salz und Pfeffer nach Belieben*

Kren reissen, 4 Eier hart kochen und mit einer Gabel zerdrücken. Kren, Eier, Joghurt, Öl, Essig, Salz und Pfeffer gut vermischen, damit eine dickflüssige Sauce entsteht, die über das Fleisch gegossen wird. 10 Minuten durchziehen lassen, dann erst servieren.

Risotto mit Ochsenmark, Kren und Apfel

Zutaten: *400 g ital. Rundkornreis, 100 g Ochsenmark, 1 weiße Zwiebel, 1 Reinette-Apfel, 50 g frisch gerissener Kren, 1 Stamperl Cognac, 2 Eidotter, 1 EL Olivenöl, Salz und Pfeffer*

Für die Brühe alle Zutaten etwa 10 Minuten kochen. Die feingehackte Zwiebel in Öl anschwitzen, das Mark und den Reis dazugeben, nach ein paar Minuten mit dem Cognac ablöschen. Nach und nach Gemüsebrühe zugießen. In einer Schüssel den gerissenen Kren, den geriebenen Apfel und die Eidotter vermischen. 5 Minuten vor dem Ende der Kochzeit zum Risotto geben, mit Salz und Pfeffer abschmecken, vom Feuer ziehen und kurz rasten lassen, dann heiß servieren.

Zwiebelfondue mit Kren

Zutaten: *30 g Butter, 1 große Zwiebel, 2 TL weißes Mehl, ½ Krenwurzel, 500 g geriebener Gruyerekäse, 150 ml Sauerrahm, 3 EL gehackter Schnittlauch, 1 kg Erdäpfel, 6 Würste (salsiccie), Salz und Pfeffer*

In einer Kasserolle die Butter mit der feingehackten Zwiebel ca. 5 Minuten anschwitzen, dann das Mehl und den Rahm dazugeben und noch 2 Minuten köcheln lassen. Den geriebenen Käse unter ständigem Rühren beifügen, bis man eine dicke Creme erhält. In einen Fonduetopf gießen und auf dem Rechaud heißhalten. Mit Salzkartoffeln und den gegrillten Würsten, über die man frischgerissenen Kren gestreut hat, servieren.

Apfelpudding mit Calvados

Zutaten: Für den Pudding: *1 kg Golden-Delicious-Äpfel, 200 g Zucker, 4 Eier, 2 EL Mehl, 60 g Butter, 3 Blatt Gelatine, 1 Stamperl Calvados, Schale einer Zitrone, 1 Prise Zimt, 1 Prise Salz*
Für die Sauce: *1 Zitrone, 2 Orangen, 2 EL Zucker, 1 EL gerissener Kren*

Äpfel schälen und in Stücke schneiden. Zugedeckt langsam mit der Butter, dem Zucker, der Zitronenschale, Zimt und Salz zu Mus kochen. Die Eier mit dem Mehl vermischen und mit dem Calvados unter das Apfelmus mengen. Noch 2 Minuten weiterköcheln, dann vom Feuer ziehen und die vorher eingeweichte Gelatine unterrühren. Die Masse in Förmchen füllen, 4 bis 5 Stunden im Kühlschrank erstarren lassen.

Die Sauce erst kurz vor dem Servieren zubereiten. Die Schale von einer Orange abreiben, die 3 Zitrusfrüchte auspressen. Zu Schale und Saft den Zucker geben sowie den Kren und alles geleeartig einkochen lassen.

Einkaufsliste

1 kg Heuschreckenkrebse (ciale di mare)
2 kg Scampi
1 kg rote Furchenkrebse (Riesengarnelen, mazzancolle)
1 Sellerieknolle
2 Karfiol
1 Knoblauchknolle
3 Zitronen
1 Orange
2 kleine Zwiebeln
250 g Erdäpfel
2 Bund Wildspargel
300 g Schotten (Ricotta)
250 g Butter
⅜ l Schlagobers
1 Becher Naturjoghurt
3 Blatt Gelatine
35 g Staubzucker
Zucker
Mehl
Cognac
Safran
90 ml Sauerrahm
Olivenöl kaltgepresst (extra vergine)
Salz und Pfeffer

Menü von Krustentieren

Marinierte Heuschreckenkrebse
Scampi mit wildem Spargel
Karfiolsuppe mit Scampi
Krebsspießchen
Topfennocken

Die Krebstiere sind Gliederfüßer, deren Körper durch einen Kalk(Chitin)panzer geschützt ist. Sie haben 10 Füße und 2 Fühler. Der Heuschreckenkrebs, ein noch beliebteres Krustentier als die Languste, lebt nur in sauberen Gewässern. Der Kaisergranat (Scampo) zählt zu den geschätztesten Krustentieren, er ist dem Hummer am ähnlichsten. Der rote Furchenkrebs (Riesengarnele) ist ein großer Meerkrebs, dessen Frische man beim Kauf leicht am eingerollten Schwanz erkennt – wenn er ausgestreckt ist, sollte man ihn besser nicht kaufen. Alle Krustentiere vertragen nur eine kurze Garzeit.

Marinierte Heuschreckenkrebse

Zutaten: *1 kg Heuschreckenkrebse, Saft von 2 Zitronen, 2 Zehen Knoblauch, 4 EL Olivenöl, Zucker und Salz nach Belieben*

Die Heuschreckenkrebse 3 Minuten in Wasser (ohne Salz) blanchieren. Putzen und in die vorbereitete Marinade, bestehend aus den ganzen Knoblauchzehen, dem Zitronensaft, Zucker und Salz sowie dem angewärmten Olivenöl, einlegen. Nach ca. 4 Stunden sind sie servierbereit.

Scampi mit wildem Spargel

Zutaten: *1 kg Scampischwänze, 2 Bund Wildspargel, Mehl, Cognac, Olivenöl, Salz und Pfeffer*

Die Spitzen des Wildspargels in Salzwasser blanchieren. Die Scampischwänze aus den Schalen lösen, in Mehl wenden und einige Minuten im Olivenöl braten, mit Cognac flambieren. Die Spargelspitzen zugeben und eventuell auch etwas Fond, den man aus den Scampischalen gekocht hat. Heiß auftragen.

Karfiolsuppe mit Scampi

Zutaten: *1 Sellerieknolle, 2 Karfiol, 250 g Erdäpfel, 1 kg frische Scampi, 2 kleine Zwiebeln, Safran, Cognac, Butter, Salz und Pfeffer nach Belieben*

Scampi schälen, Schalen und Köpfe etwa 20 Minuten lang auskochen. Auf kleiner Flamme die Zwiebel in Olivenöl angehen lassen, Selleriestücke und Karfiolröschen beigeben, zugedeckt 15 Minuten lang kochen lassen. Anschließend die Erdäpfel dazugeben und weitere 15 Minuten kochen. Mit dem Krebsfond verdünnen, salzen, pfeffern und nochmals 10 Minuten auf kleiner Flamme köcheln. In der Zwischenzeit die ausgepulten Scampi einmehlen, in eine Pfanne mit Butter geben und einige Minuten mit dem Cognac flambieren. Dann in die Suppe einlegen und noch 5 Minuten darin ziehen lassen.

Krebsspießchen

Zutaten: *1 kg rote Furchenkrebse (Riesengarnelen, Mazzancolle)*

Die Krebse samt Panzer wenigstens sechs Stunden laut Marinadenrezept (2) beizen. Dann auf Spießchen stecken und im heißen Rohr oder am Grill garen. Entweder auf frischen Salatblättern oder auf eine Melanzani oder Zitrusfrucht gesteckt servieren.

Topfennocken

Zutaten: *300 g Schotten (ricotta), 35 g vanillierter Staubzucker, 30 g Joghurt, 3 Blatt Gelatine, 3/8 l Schlagobers, abgeriebene Schale 1 Zitrone und 1 Orange, 1 Prise Salz*

Schotten passieren, Joghurt einrühren, Zucker und die abgeriebenen Schalen der Zitrusfrüchte beigeben. Die Gelatine in kaltem Wasser einweichen und tropfnaß in 1/8 l erhitztem Obers auflösen. Vom Feuer ziehen, den Topfenabtrieb und den restlichen geschlagenen Schlagobers vorsichtig unterheben. In eine Schüssel füllen und einige Stunden aufs Eis stellen. Zum Servieren Nocken abstechen und mit Fruchtmark garnieren.

Einkaufsliste

1 ½ kg Kastanien
1 ½ kg Steinpilze
5 Zwiebeln
1 Knoblauchknolle
2 kleine Tomaten
1 Karotte
1 Stück Stangensellerie
Petersilie, Basilikum
Lorbeer, Majoran
500 g Venusmuscheln
6 Seezungen
18 Scampi
3 kleine Tintenfische (seppioline)
500 g Reis
50 g Mehl
5 Eier
350 g Zucker
½ l Schlagobers
100 g Kochschokolade
Rotwein, Rum
Staubzucker
Olivenöl kaltgepresst (extra vergine)
Salz und Pfeffer

Pilz-Menü

Steinpilzsuppe mit Kastanien
Risotto »Berge und Meer«
Scampi, Seezunge, Steinpilze und Kräuter in der Folie
Süßer Kastaniengupf

Pilze mit festem Fleisch, keine weichen, wässrigen, madigen, verwenden. Um Geschmack und Aroma zu erhalten, trocken säubern oder mit einem feuchten Tuch abwischen. Nicht in Metallbehältern aufbewahren und zum Zubereiten kein Aluminiumgeschirr verwenden. Da Pilze einen feinen Eigengeschmack haben, andere Gewürze nur sparsam einsetzen.

Steinpilzsuppe mit Kastanien

Zutaten: *500 g Kastanien, 500 g Steinpilze, 3 Zwiebeln, 3 Knoblauchzehen, Fleischbrühe, Rotwein, Lorbeer, Majoran, Olivenöl, Salz und Pfeffer*

Die Schalen der Kastanien kreuzweise einschneiden, kochen, schälen und häuten. Feingeschnittene Zwiebel in Öl anlaufen lassen, Rotwein und zerdrückten Knoblauch dazugeben. Etwas mehr als die Hälfte der Kastanien passieren und zum Fond geben. Nach und nach Fleischbrühe zugießen und die restlichen zerbröckelten Kastanien beifügen. Die Steinpilze reinigen, in Scheiben schneiden, in etwas Öl mit den Kräutern braten. Zur Suppe geben, diese auf die gewünschte Dicke einkochen lassen.

Risotto »Berge und Meer«

Zutaten: *500 g Reis, 3 kleine Tintenfische, 500 g Venusmuscheln, 300 g frische Steinpilze, 1 Zwiebel, 2 Knoblauchzehen, 2 kleine Tomaten, Salz, Majoran, Pfeffer, Petersilie, Olivenöl*

In einem weiten Gefäß den Fond für den Risotto zubereiten – Öl, Zwiebel, Tomaten, gehackte Petersilie und Knoblauch anbraten, die in Stücke geschnittenen kleinen Tintenfische dazugeben und nach 15 Minuten die in Stücke geschnittenen Pilze. Nachdem alles 10 Minuten geschmurgelt hat, kommt der Reis dazu, den man etwas angehen lässt, bevor man alles mit Fischfond ablöscht. Inzwischen die Muscheln in wenig Wasser abbrühen, gut waschen. Wenn der Risotto fast fertig ist, die Muscheln und Kräuter unterheben, servieren.

Scampi, Seezunge, Steinpilze und Kräuter in der Folie

Zutaten: *6 Seezungen, 18 Scampi, 480 g Steinpilze, ½ Karotte, 1 Zwiebel, 1 Stück Stangensellerie, Petersilie, Basilikum, frischer Majoran, Olivenöl, Salz und Pfeffer*

Seezungen häuten, entgräten und filieren. Die Scampi auslösen, Köpfe und Schalen mit Karotte, Zwiebel und Sellerie zu einem kräftigen Fond einkochen. Die Seezungenfilets und die Scampi marinieren (Marinade 2). Pilze feucht abwischen und fein aufschneiden. Aus Alufolie oder Backpapier Rechtecke schneiden, darauf jeweils ein Seezungenfilet, 3 Scampi, 2 EL geschnittene Pilze, die fein gehackten Kräuter, Salz und Pfeffer häufen. Etwas eingedickten Fond und Olivenöl darüberträufeln, dann die Folienpackerln schließen.

Wenn der Fisch mariniert wurde, ca. 10 Minuten bei 180 Grad ins Rohr, sonst ungefähr 20 Minuten bei 200 Grad.

Süßer Kastaniengupf

Zutaten: Für das Biskuit: *50 g Mehl, 50 g Zucker, 5 Eier, Salz*
Für die Fülle: *1 kg Kastanien, 300 g Zucker, ½ l Schlagobers, Staubzucker, 100 g Kochschokolade, Rum, Salz*

Biskuit laut Rezept auf Seite 160 backen, eine tiefe Kuppelform damit auskleiden.

Die Kastanien kreuzweise einschneiden und etwa eine halbe Stunde kochen. Abgießen, schälen und häuten, anschließend passieren. Die Schokolade mit 100 g Schlagobers, 100 g Zucker und Rum auf kleiner Flamme auflösen, vom Feuer ziehen und das Kastanienpüree einrühren. Das restliche Schlagobers mit Zucker und etwas Vanilleextrakt aufschlagen. Das Biskuit mit einer Mischung aus Milch und Rum tränken, dann die Kuppelform schichtweise mit Schlagobers und Kastanienmasse füllen. Mindestens vier Stunden im Eiskasten kühlen. Dann auf einen Teller stürzen, den Gupf mit Staubzucker und nach Belieben mit Schlagoberstupfen, Marron glaces und kandierten Veilchen verzieren.

Anhang

Kurzbiografien

Dante Alighieri, geboren 1265 Florenz, gestorben 1321, Ravenna. Schuf mit »La Vita Nuova« und der »Divina Comedia« die italienische Literatursprache. Weilte aller Wahrscheinlichkeit nach in Duino. Die Karsthöhlen sollen ihm als Vorbild zur Hölle gedient haben.

Stendhal (Künstlername). Eigentlich Henry Beyle, geboren 1783 Grenoble, gestorben 1842, Paris. Schriftsteller. Schrieb u. a. die Romane »Rot und Schwarz«, »Die Karthause von Parma«. Dandy, Offizier und Diplomat. Als solcher vom »Bürgerkönig« Louis Philippe als französischer Konsul in Triest vorgesehen, wo er sich einige Monate lang aufhielt. Die österreichischen Behörden verweigerten die Anerkennung.

Fouché, Joseph, geboren 1759, Nantes, gestorben 1820, Triest. Mönch, während der französischen Revolution radikaler »Terrorist«, veranstaltet Massenhinrichtungen. Später Polizeiminister Napoleons und nach dessen Sturz auch des zurückgekehrten Königs Ludwig XVIII. Wird wegen seiner Vergangenheit aus Frankreich verbannt.

Grillparzer, Franz, geboren 1791, Wien, gestorben 1872 ebendort. Österreichischer Klassiker, Besucher Triests, schrieb mit den »Argonauten« sozusagen ein Stück Triestiner Heimatkunde.

Stifter, Adalbert, geboren 1805, Oberplan (Südböhmen), gestorben 1868, Linz. Österreichischer Klassiker, Purist der Sprache, verehrt von Friedrich Nietzsche, Besucher Triests.

Leonor, Fini, geboren 1908 Argentinien, gestorben 1996. Lebte seit ihrem zweiten Lebensjahr in Triest, später in Paris. Surrealistische Malerin, die sich vor allem auch mit der Symbolik der Katze und mit Erotik auseinandersetzt.

Nerval, Gérard de (Künstlername). Eigentlich Gérard Labrunie. Geboren 1808,

Paris, gestorben 1855 ebendort. Schriftsteller. Für viele der eigentliche Begründer des Surrealismus. Schreibt in seinem mystischen Reisebuch »Reise in den Orient« über Triest.

Svevo, Italo (Künstlername), eigentlich Ettore Schmitz, geboren 1861, Triest, gestorben (Autounfall) 1928. Bedeutendster Romancier der Triestiner Moderne, eng befreundet mit James Joyce.

Joyce, James, geboren 1882, Dublin, gestorben 1941, Zürich. Sein Roman »Ulysses«, der die Weltliteratur veränderte, wurde zu großen Teilen in Triest konzipiert, wo Joyce von 1905 bis 1915 und dann noch einmal 1919 lebte.

Mahler-Werfel, Alma. Geboren 1879 Wien, gestorben 1964 New York. Gemahlin Gustav Mahlers, später des Schriftstellers Franz Werfel. Flüchtete mit diesem nach der Okkupation Österreichs durch das nationalsozialistische Deutschland über Triest nach Südfrankreich, dann über Spanien nach den USA.

Zita, Kaiserin von Österreich, Königin von Ungarn etc. Geboren 1892 als Prinzessin Bourbon-Parma in Schwarzau, Niederösterreich, gestorben 1989 in Zizers, Schweiz. Heiratete 1911 Erzherzog Karl Franz Joseph, der nach der Ermordung Erzherzog Franz Ferdinands 1914 Thronfolger und nach dem Tode Franz Josephs I. 1916 Kaiser wird. Zita verbrachte die Zeit zwischen 1919 und 1982 im Exil. Setzte sich gemeinsam mit ihrem Sohn Otto während des Zeiten Weltkriegs in den USA vehement für die Wiederherstellung Österreichs ein.

Rilke, Rainer Maria, geboren 1875 in Prag, gestorben 1926 in Valmont bei Montreaux/Schweiz. Gilt als populärster deutschsprachiger Lyriker des beginnenden 20. Jahrhunderts. Sein Hauptwerk »Duineser Elegien« wurde auf Schloß Duino, einem Besitz der Familie Thurn und Taxis begonnen.

Magris, Claudio, geboren 1939 in Triest. Schriftsteller, Kulturhistoriker, befasst sich seit seinem bahnbrechendem Werk »Der Habsburger-Mythos in der Literatur« mit der besonderen mitteleuropäischen Identität.

Tips und Adressen

Ausflüge

Botanischer Garten
Strada per Gabrovizza-Sgonico,
Tel.: 040/229573
Öffnungszeiten: von 25. April bis 15. Oktober Di bis Fr von 10 bis 12 Uhr, Sa, So, Feiertag von 10 bis 13 und von 15 bis 19 Uhr

Grotta Gigante
Borgo Grotta Gigante-Sgonico,
Tel.: 040/327312
Öffnungszeiten: von 1. April bis 30. September von 10 bis 18 Uhr Besichtigung alle 30 Minuten, von Oktober bis März von 10 bis 16 Uhr Besichtigungen stündlich

Trenovia di Opicina – Standseilbahn
Abfahrt alle 22 Minuten ab Piazza Oberdan zwischen 7 und 20 Uhr

Terrano-Weinstraße
führt von Opicina bis nach Visogliano zu rund 20 Gasthäusern, wo man den typischen herb-trockenen Rotwein Terrano und landestypische Küche genießen kann

Auskünfte

Fremdenverkehrsamt
(Azienda di Promozione Turistica)
Zentrale
Via San Nicolò 20,
Tel.: 040/6796111
Hauptbahnhof
Auskunft: Tel.: 040/420182
Sistiana 56/b
Auskunft: Tel.: 040/299166 (saisonbedingt)

Muggia
Via Roma 20,
Tel.: 04/273259 (saisonbedingt)

Regionales Fremdenverkehrsamt
(Azienda Regionale per la Promozione Turistica)
Via Rossini 6,
Tel.: 040/365152

Autoverleih

Avis
Piazza della Libertà c/o Silos,
Tel.: 040/421521;
Flughafen, Tel.: 0481/777085

Maggiore
Viale Miramare 2 (Hauptbahnhof),
Tel.: 040/421323

Hertz
Piazza della Libertà c/o Silos,
Tel.: 040/422122;
Flughafen, Tel.: 0481/777025

Gallo – International Rent a Car
Riva Grumula 6,
Tel.: 040/303440

Europe Car
Via Mazzini 1,
Tel.: 040/367944;
Flughafen, Tel.: 0481/778920

Buffets

Da Pepi
Via Cassa di Risparmio 3,
Tel.: 040/366858

Toni da Mariano
Viale Campi Elisi 31,
Tel.: 040/307529

Da Mario
Via Torrebianca 41,
Tel.: 040/639324

Vittorio
Via Carducci 30,
Tel.: 040/370160

Flughafen

Internationaler Flughafen »Ronchi dei Legionari«
Via Aquileia, Tel.: 0481/773224, 773225
Flugtickets Tel.: 0481/773232
Stadt-Air Terminal
Piazza della Libertà c/o Silos

Hotels

Zentrum

**** *Grand Hotel Duchi D'Aosta*
Piazza Unità d'Italia 2,
Tel.: 040/7600011

**** *Hotel Colombia*
Via della Geppa 18,
Tel.: 040/369191

**** *Jolly Hotel*
Corso Cavour 7,
Tel.: 040/7600055

**** *Savoia Excelsior*
Riva del Mandracchio 4,
Tel.: 040/77941

*** *Hotel Abbazia*
Via della Geppa 20,
Tel.: 040/369464

*** *Continentale*
Via San Nicolò 25,
Tel.: 040/631717

*** *Italia*
Via della Geppa 15,
Tel.: 040/369900

*** *Milano*
Via Ghega 17,
Tel.: 040/369680

*** *Nuovo Hotel Impero*
Via S. Anastasio 1,
Tel.: 040/364242

*** *Roma*
Via Ghega 7,
Tel.: 040/369980

*** *San Giusto*
Via dell'Istra 7,
Tel.: 040/764824

* * * *Al Teatro*
Capo di Piazza G. Bartoli 1,
Tel.: 040/366220

* * *Brioni*
Via Ginnastica 2,
Tel.: 040/772942

* * *Città di Parenzo*
Via degli Artisti 8,
Tel.: 040/6311133

* * *Istria*
Via Timeus 5,
Tel.: 040/371343

* *Alabarda Flora*
Via Valdirivo 22,
Tel.: 040/630269

* *Alla Posta*
Piazza Oberdan 1,
Tel.: 040/365536

* *Blaue Krone*
Via XXX Ottobre 12,
Tel.: 040/631882

* *Centrale*
Via Ponchielli 1,
Tel.: 040/639482

* *Centro*
Via Roma 13,
Tel.: 040/371116

** Gianni*
Via Lazzaretto Vecchio 22,
Tel.: 040/300738

** Marina*
Via Galatti 14,
Tel.: 040/369298

Duino – Sistiana

**** Holiday Inn*
Autostrada A4 km 123, Loc. Duino,
Tel.: 040/208273

**** Posta*
Loc. Sistiana 51,
Tel.: 040/299103

*** Ai Sette Nani*
Loc. Sistiana 54C,
Tel.: 040/299170

*** Al Pescatore*
Loc. Duino 69,
Tel.: 040/208188

*** Alla Dolina*
S.S. 14 – Loc.Sistiana,
Tel.: 040/299104

*** Alla Pineta*
Loc. Sistiana 57,
Tel.: 040/299255

*** Belvedere*
Loc. Sistiana 50A,
Tel.: 040/299256

*** Villa Gruber*
Loc. Duino 61/F,
Tel.: 040/208115

** Al Carso*
Loc. Malchina 23A,
Tel.: 040/299471

** Al Pescatore*
Loc. Duino 25D,
Tel.: 040/208188

** Aurora Garni*
Loc. Duino 15,
Tel.: 040/208212

** Baia Degli Uscocchi*
Loc. Villaggio del pescatore 162,
Tel.: 040/208516

** Dama Bianca*
Loc. Duino 61C,
Tel.: 040/208137

** Sistiana*
Loc. Sistiana 19,
Tel.: 040/299235

Rund um Miramare – Küste

****** Hotel Greif Maria Theresia*
Viale Miramare 109,
Tel.: 040/410115

**** Riviera Maximilians' Residence*
Strada Costiera 22 – Loc. Grignano,
Tel.: 040/224551

*** Mignon*
Via Junker 12 - Loc. Grignano,
Tel.: 040/224611

*** Tritone*
Viale Miramare 133 - Loc. Barcola,
Tel.: 040/422811

Kaffeehäuser

Café Tommaseo
Riva 3 Novembre 5,
Tel.: 040/362666

Café San Marco
Via Battisti 18,
Tel.: 040/363538

Pasticceria Pirona
Largo Barriera Vecchia 12,
Tel.: 040/636046

Kirchen

San Giusto
Kathedrale auf dem kapitolinischen Hügel; geöffnet täglich von 9 bis 12 und von 15.30 bis 19.30 Uhr, sonntags nachmittag von 15.30 bis 18 Uhr

Santa Maria Maggiore
Via del Collegio 6
Geöffnet von 8.30 bis 12 und von 16 bis 18 Uhr; sonntags von 9.30 bis 10.30 und von 16 bis 18 Uhr; von den Jesuiten im Barock errichtet, direkt über der Via del Teatro Romano

San Antonio Taumaturgo
Piazza San Antonio

Geöffnet täglich von 7 bis 12 und von 16 bis 18 Uhr, Sonntag nur nachmittags; im neoklassizistischen Stil, Architekt Pietro Nobile

San Spiridione
Piazza San Antonio Nuovo 7, via Genova 12
Geöffnet von Die bis Sa von 9 bis 12 und von 16 bis 19 Uhr (nur im Winter); serbisch-orthodoxe Kirche im neo-byzanthinischen Stil, Architekt Maciachini

San Nicolo dei Greci
Riva Tre Novembre
Geöffnet tgl. außer Do, von 9 bis 12 und von 17 bis 20 Uhr; griechisch-orthodoxe Kirche, Architekt M. Pertsch mit Innendekorationen von Cesare Dell'Acqua und einer bedeutenden Ikonensammlung der venezianischen, kretischen und griechischen Schule

Lutheranische Kirche
Largo Panfili
Kann nur während des Sonntagsgottesdienstes besichtigt werden

Marienwallfahrtskirche Santuario di Monte Grisa
Loc. Contovello 455
Geöffnet täglich von 8 bis 20 Uhr

Synagoge
Via San Francesco
Wird zur Zeit renoviert, zählt zu den größten und wichtigsten Synagogen Europas

Märkte

Antiquitätenmarkt
findet jeden dritten Sonntag im Monat in der Altstadt statt; Anfang November findet die wichtigste Antiquitäten-Ausstellung der Region Friaul – Julisch Venetien statt. Daran nehmen nicht nur Aussteller der Stadt sondern auch solche aus der Lombardei, der Toskana,

aus Venetien und der Emilia Romagna teil. Auskunft: Kongreßzentrum bei der Schiffsstation, Tel.: 040/304888.

Fischmarkt
Riva N. Sauro 1

Markthalle
Via Carducci

Markt Piazza della Libertà

Markt Piazza Ponterosso

Museen

Museum Revoltella – Moderne Kunstgalerie
Via Diaz 27, Tel.: 040/300938
Öffnungszeiten: Di und So nachmittags geschlossen, sonst von 10 bis 19 Uhr geöffnet, von Juli bis September Museum abends durchgehend geöffnet bis 24 Uhr (Sommerterrasse)
Wohnsitz des Barons Revoltella (19. Jhdt.), italienische Galerie moderner Kunst, Sammlungen bildender Kunst vom Neoklassizismus bis zur Gegenwart.

Naturhistorisches Museum
Piazza Hortis 4, Tel.: 040/301821
Öffnungszeiten: montags geschlossen, sonst 8.30 bis 13.30 Uhr
Geologische, botanische, paläontologische und mineralogische Sammlungen und wissenschaftliche Fachbibliothek

Theatermuseum Stiftung C. Schmidl
Via Imbriani 5, Tel.: 040/366030
Öffnungszeiten: Archivbenutzung Mittwoch bis Samstag vormittags, Führungen auf Anfrage

Schloß San Giusto
Piazza della Cattedrale 3, Tel.: 040/309362
Öffnungszeiten: Jänner – März von 9 bis 17 Uhr, April bis September von 9 bis 19 Uhr, Oktober bis Dezember von 9 bis 17 Uhr
Waffensammlung aus dem XIII. Jhdt., Einrichtung, Bilder und Wandteppiche

Meeresmuseum
Via Campo Marzio 1, Tel.: 040/304885
Öffnungszeiten: 8.30 bis 13.30 Uhr, montags geschlossen

Meeresaquarium
Riva Nazario Sauro 1, Tel.: 040/306201
Öffnungszeiten: März bis Oktober von 9 bis 19 Uhr, November bis Februar von 8.30 bis 13.30 Uhr, montags geschlossen

Museum Risiera di San Sabba
Ratto della Pileria 1, Tel.: 040/826202
Öffnungszeiten: 9 bis 13 Uhr; von 1. April bis 15. Mai und von 1. bis 5. November Mo bis Sa von 9 bis 18 Uhr, So von 9 bis 13 Uhr, sonst montags geschlossen
Nationaldenkmal zur Erinnerung an das einzige nationalsozialistische KZ in Italien

Kunsthistorisches Museum und Lapidarium
Via della Cattedrale 15, Tel.: 040/310500
Öffnungszeiten: von 9 bis 13 Uhr, mittwochs von 9 bis 19 Uhr, montags geschlossen
Prähistorische und frühgeschichtliche Funde der oberen Adria und aus dem alten Ägypten, römische und griechische Skulpturen und Grabinschriften

Museum Sartorio
Largo Papa Giovanni XXIII, Tel.: 040/301479
Öffnungszeiten: von 9 bis 13 Uhr, montags geschlossen
Herrenhaus aus dem 19. Jhdt. mit antiken Kunstsammlungen

Museum der jüdischen Gemeinde
Via del Monte 5, Tel.: 040/371466
Öffnungszeiten: So von 17 bis 20 Uhr, Di von 16 bis 18 Uhr, Do von 10 bis 13 Uhr

Historisches Museum des Schlosses Miramare
Via delle Miramare, Tel.: 040/224143
Öffnungszeiten: täglich von 9 bis 19 Uhr
Maximilian von Habsburg ließ dieses Schloß vom Architekten Carl Junker planen; besonders sehenswert: das Arbeitszimmer Maximilians, die Bibliothek und der Thronsaal. Im Schloßpark findet man Bäume aus Europa, Kalifornien und Mexiko, die Maximilian pflanzen ließ, Besichtigung täglich von 9 Uhr bis eine Stunde vor Sonnenuntergang.
In den kürzlich renovierten Stallungen finden wechselnde Großausstellungen statt.

Eisenbahnmuseum
Bahnhof Campo Marzio, Via G. Cesare 1, Tel.: 040/3794185
Öffnungszeiten: 9 bis 13 Uhr, montags geschlossen

Post

Hauptpostamt
Piazza Vittorio Veneto 1,
Tel.: 040/367198

Telefonvorwahl
Italien ++39
Provinz Triest 040

Theater

Politeama Rossetti – Theater der Stadt Triest
Viale XX Settembre 45

Städtische Oper G. Verdi
Piazza Verdi 1

Sala Tripcovich
Piazza della Libertà

Teatro Cristallo
Via del Ghirlandaio 12

Teatro Miela
Piazza Duca degli Abruzzi 3

Slowenisches Theater
Via Petronio 4

Rezeptregister

Die Autoren

Bertram Karl Steiner, geb. 1948 in Neunkirchen/NÖ, Journalist und Schriftsteller in Klagenfurt (Kulturchef der Kärntner Tageszeitung), lebte mit seiner Familie einige Jahre in der Bretagne, Lehrbeauftragter an der Universität Brest, Übersetzungen aus dem Französischen. Buchveröffentlichungen: *Tatort Kolig-Saal* (mit E. Hirtenfelder), *Servus Fleisch, Kärnten-Heimatbuch* (mit F. Neumüller) u.a.

Ferdinand Neumüller, geb. 1953 in Graz, freier Fotograf, lebt mit seiner Familie in Klagenfurt, arbeitete lange als Pressefotograf, ist heute spezialisiert auf Kunst- und Architekturfotografie, Reisereportagen; begeisterter Hobbykoch. Buchveröffentlichungen: kulinarische Reiseführer mit Peter Lexe (Friaul, Slowenien), diverse Kochbücher, *Kärnten-Heimatbuch* mit B. K. Steiner u.a.

Technische Anmerkungen zu den Fotos: Die großformatigen Fotos im Essayteil wurden vorwiegend mit einer Lochkamera angefertigt. Die Lochkamera ist eine Urform der heutigen Kameras: »Camera Obscura«. Eine Lochkamera besitzt kein Objektiv, sondern ein sehr kleines Loch, daher ist die Abbildung nicht völlig scharf, die Schärfentiefe aber nahezu unendlich. Ich verwendete einen Bausatz aus Karton für das Format 6 × 9 cm. Ein weiterer Teil der Fotos wurde crossentwickelt, d. h. der Color-Negativ-Film wurde wie ein Diapositv-Film entwickelt, wobei eine ganz andere Farbstimmung entsteht. Verwendet wurde ausschließlich Material von Fujifilm. *Ferdinand Neumüller*

FUJIFILM

1. Auflage

www.verlag.carinthia.com

Karte mit freundlicher Genehmigung des Fremdenverkehrsamtes Triest (Azienda di Promozione Turistica)

Übersetzung aus dem Italienischen (Rezeptteil):
Mag. Martina Gschließer, München

Gestaltung:
Pliessnig

Satz und Repro:
TextDesign GmbH, Klagenfurt

Druck:
Carinthian Bogendruck GmbH & CoKG, Klagenfurt

ISBN 3-85378-516-6

358.–

Paläste, Denkmäler, öffentliche Einrichtungen

1 Kapitolinischer Hügel (Colle Capitolino): Schloß San Giusto und städtisches Museum
2 Städtische kunsthistorische Museen, Lapidarium
3 Rotunde Pancera – Arco di Ricardo, Tempel San Michele
4 Kirchen Santa Maria Maggiore und San Silvestro
5 Piazza dell'Unità d'Italia: Rathaus, Regierungspalast
6 Kirche der Beata Vergine del Rosario
7 Römisches Theater
8 Tor Cucherna
9 Lanterna
10 Campo Marzio, Eisenbahnmuseum
11 Städtisches Meeresmuseum
12 Villa Necker
13 Städtisches Museum Sartorio
14 Städtisches naturhistorisches Museum
15 Kirche der Beata Vergine del Soccorso
16 Städtisches Museum Revoltella, Galerie Moderner Kunst
17 Fischhalle, städtisches Meeresaquarium
18 Schiffsstation (Stazione marittima), Kongreßzentrum
19 Piazza G. Verdi, Opernhaus G. Verdi
20 Piazzza della Borsa, Handelskammer
21 Kirche San Nicolò dei Greci
22 Fremdenverkehrsamt APT
23 Regionales Fremdenverkehrsamt
24 Busstation, Air-Terminal, Parkgarage
25 Hauptbahnhof
26 Nationale Galerie antiker Kunst
27 Hauptpost und evang. Kirche
28 Museum Stiftung »Fondazione G. Scaramangà«
29 Kirche Sab Spiridone
30 Kirche Sant'Antonio Thaumaturgo
31 Städtisches Museum Morpurgo und Theatermuseum C. Schmidl
32 Piazza Oberdan: städtisches Museum des Risorgimento, Station des Tramways nach Opicina
33 Synagoge Via San Francesco
34 Stadtpark und Rossetti-Denkmal
35 Rossetti-Stadttheater

A Allgemeines Krankenhaus
B Polizeipräsidium
C Gericht